A (Re)forma das reformas

A (Re)forma das reformas

Ana Alexandre Fernandes
Paula C. Albuquerque
António M. Fonseca

ALMEDINA

A (RE)FORMA DAS REFORMAS

AUTORES

Ana Alexandre Fernandes

Paula C. Albuquerque

António M. Fonseca

EDITOR

EDIÇÕES ALMEDINA, S.A.

Rua Fernandes Tomás, nºs 76-80

3000-167 Coimbra

Tel.: 239 851 904 · Fax: 239 851 901

www.almedina.net · editora@almedina.net

DESIGN DE CAPA

FBA.

PRÉ-IMPRESSÃO

João Jegundo

IMPRESSÃO E ACABAMENTO

ARTIPOL - ARTES TIPOGRÁFICAS, LDA.

Dezembro, 2016

DEPÓSITO LEGAL

419108/16

ALMEDINA | GRUPOALMEDINA

BIBLIOTECA NACIONAL DE PORTUGAL – CATALOGAÇÃO NA PUBLICAÇÃO

A (RE)FORMA DAS REFORMAS

A (re)forma das reformas

ISBN 978-972-40-6868-8

CDU 364

PREFÁCIO

As políticas sociais dos países mais desenvolvidos absorvem entre 20 a 30% do respetivo PIB para financiar as mesmas. Portugal gasta perto de 25% do produto com tais políticas (OCDE, *Society At a Glance*, 2016). Entre estas despesas avultam as que respeitam ao pagamento de pensões públicas, totalizando entre nós cerca de 14% do produto – esta é a dimensão macroeconómica do tema das pensões em Portugal!

Como é bem conhecido, a demografia portuguesa está particularmente envelhecida devido à confluência de duas tendências importantes que marcaram os últimos trinta anos: o progresso da longevidade média dos indivíduos e o decréscimo da fecundidade das mulheres. Assim sendo, só o crescimento económico poderia sustentar a evolução de despesa social que tem vindo a ser alimentada por esta demografia envelhecida. Infelizmente, isso não aconteceu nem é provável vir a ocorrer nos próximos anos, pois a estagnação económica em que o país vive desde o início do século vai durar bastante tempo, como é generalizadamente reconhecido. Dentro das despesas sociais, a rubrica das pensões é não só a mais importante como a mais preocupante, porque é muito difícil de ajustar a curto prazo.

As pensões em pagamento, na sua esmagadora maioria, consagram direitos adquiridos por aqueles que descontaram ao longo da sua vida ativa enquanto permaneceram no mercado de trabalho, e depois «passaram à reforma» por terem atingido a idade ou a condição que a lei exige para tanto e que o Estado de direito democrático deve proteger.

Quando Portugal tinha moeda própria, a desvalorização cambial e a inflação que a acompanhava fizeram ajustamentos aos montantes das pensões em pagamento nas conjunturas mais desfavoráveis, de uma forma dolorosa para os pensionistas e desresponsabilizante para os governantes. No contexto da moeda única, quando houve necessidade de novos ajustamentos, foi necessário recorrer a cortes de pensões com as consequências conhecidas de crispação social, que conservamos na memória.

Segundo as projeções da Comissão Europeia, de 2015, a percentagem do PIB que financia as pensões deverá subir ainda, até aos 15% até 2050, e só depois dessa data poderá estabilizar ou recuar ligeiramente. Entretanto, o projetado crescimento da economia permanece insuficiente para sustentar folgadamente tal encargo.

A pressão das instituições europeias tem levado sucessivos governos a colocar na agenda política o tema da reforma dos sistemas de pensões, face ao panorama demográfico e económico nos anos mais recentes. Os conceitos de «adequação» das pensões e de «sustentabilidade» dos sistemas de pensões têm enquadrado as tentativas reformistas que visam controlar o crescimento da correspondente despesa.

O objetivo de garantia de prestações adequadas a combater a pobreza dos pensionistas, a curto e a longo prazo, tem inspirado a elevação de mínimos sociais através de pensões não contributivas, complementos sociais para as pensões contributivas, o Complemento Solidário para Idosos, o financiamento de ação social das IPSS.

Garantir que o financiamento das pensões não implica uma carga fiscal e parafiscal e/ou o endividamento do Estado em termos insustentáveis, que inevitavelmente atrapalhariam o investimento e prejudicariam a criação de riqueza e o emprego, é o propósito sempre reafirmado quando um novo Governo é empossado, quando se debatem no parlamento os Orçamentos do Estado de cada ano ou quando se altera a fórmula de cálculo do benefício.

Medidas sucessivas introduzidas em 2000, 2002, 2007 e 2013 foram neste sentido, querendo compatibilizar a adequação das prestações e a sustentabilidade do sistema previdencial da Segurança Social. Na realidade, traduziram-se no empobrecimento dos novos pensionistas do sistema, isto é, dos trabalhadores ativos que têm vindo a passar à reforma nos anos subsequentes a cada ajustamento decretado, com especial destaque para o efeito do fator de sustentabilidade introduzido em 2007.

Especialmente a partir de 2020, os efeitos das reformas já implementadas far-se-ão sentir em pleno e, por essa altura, as pensões que então se iniciarão serão cada vez menos adequadas; em vez de substituírem 60% do último salário, como sucede atualmente, irão repor apenas 35-40% daquele (de acordo com as já referidas projeções da Comissão Europeia).

Apesar disto, a sustentabilidade financeira das pensões contributivas da Segurança Social não estará garantida. As contribuições sociais serão insuficientes para o financiamento das pensões a partir de 2030, prevendo-se para essa altura um défice de cerca de 2000 milhões de euros, que irá crescendo até 2060 (segundo o estudo de avaliação atuarial do sistema previdencial de pensões da Segurança Social, feito e divulgado em 2015 pelo Governo então em funções). Dito de outro modo, as medidas tomadas no período 2000-2013 não se revelaram capazes de anular o efeito das tendências demográficas e económicas desfavoráveis ao equilíbrio financeiro do nosso sistema de pensões.

Discutir o tema das pensões apenas à luz destas preocupações importantes de economia e finanças públicas seria, no entanto, redutor do mesmo. Para aprofundar a problemática das pensões devemos ir mais além e olhar na sua integralidade a pessoa do pensionista, que o é porque «passa à reforma», constituindo-se no sujeito incontornável do direito à pensão por ter atingido uma determinada idade ou situação que lhe permite sair do mercado de trabalho. Os autores dos textos ora publicados neste volume vêm dar um contributo substancial nesta direção.

A partir de perspetivas diferentes, da sociologia à economia e à psicologia, Ana A. Fernandes, Paula C. Albuquerque e António M. Fonseca debatem o tema, de que são profundos conhecedores com trabalho académico (e não só) reconhecido.

A primeira autora, Ana Fernandes, conclui a sua análise sociológica das pensões com uma interrogação, quase se diria um grito de alarme, escrevendo:

> A relação entre as gerações, vivida nos quotidianos, entre pais e filhos ou entre os colegas no trabalho, apela aos pressupostos inerentes à justiça entre gerações. O(s) património(s) a deixar aos filhos ou a herdar dos pais, os rendimentos das pensões para os que partem e os rendimentos do trabalho para os que ficam são realidades concretas que materializam, na prática quotidiana, as relações intergeracionais. Até que ponto se tem constituído uma consciência coletiva fundada nos princípios da segurança social? Há, sem dúvida, interesses instalados e egoísmos geracionais. Como dinamizar uma consciência assente em pressupostos de justiça social entre gerações?

Por seu lado, Paula Albuquerque desenvolve a análise económica dos conceitos de adequação e sustentabilidade e das possibilidades de reforma dos sistemas de pensões que os compatibilizem, sublinhando que:

Um sistema de pensões pretende gerar segurança. Para que ele seja financeiramente sustentável, não apenas em fases de elevado crescimento económico e de elevada produtividade mas no longo prazo e para que as gerações mais novas possam acreditar que também vão auferir dos seus benefícios, as regras têm de ser desenhadas de forma credível. É necessário que se façam avaliações atuariais cuidadosas e se definam com clareza quais os parâmetros e mecanismos de equilíbrio que têm de existir, para que no futuro as pessoas continuem a poder contar com pensões de reforma.

Finalmente, António Fonseca focaliza a discussão na perspetiva de cada indivíduo-sujeito da reforma e na dimensão da «regulação da identidade pessoal durante a reforma (que) ocorre por meio da formulação de objetivos que concretizam projetos e aspirações individuais».

O leitor pode encontrar neste livro, graças à diversidade de abordagens e à riqueza dos contributos dos autores, farto alimento para a sua própria reflexão sobre o que, cedo ou tarde, o (nos) confrontará: a experiência existencial da «nossa» reforma, que interpela a vontade de autorrealização de cada um e o desafio coletivo, económico, social e político da adequação sustentável das pensões, que nos convoca para decisões difíceis e inadiáveis. Boa leitura!

Lisboa, outubro de 2016

FERNANDO RIBEIRO MENDES

A PROTEÇÃO SOCIAL NA VELHICE ESTARÁ EM RISCO?[1]

ANA ALEXANDRE FERNANDES

1. Novos riscos nas sociedades modernas

> Na era dos dogmas radicais confiantes, os jovens não tinham muitas incertezas. O tom característico dos anos 60 era de presunção: nós sabíamos mesmo como consertar o mundo.
>
> (Tony Judt, 2010)

Uma análise sociológica sobre a instituição que é a reforma/aposentação, enquanto categoria sociológica em transformação, deve ser enquadrada no contexto de mudanças que têm vindo a ocorrer nas sociedades contemporâneas industrializadas. A sociologia tem procurado analisar e explicar estas transformações à luz de teorias assentes num conceito chave que designamos por «modernidade». Nas sociedades modernas, novas realidades emergem como grandes desafios e novos riscos se configuram como autênticas ameaças.

As sociedades contemporâneas modernas são caracterizadas especificamente pela velocidade a que acontecem as mudanças, das quais advêm descontinuidades que concorrem para (re)ordenar as relações sociais em conjuntos diferenciados de regularidades nos espaços sociais onde nos movemos na vida quotidiana. Modernidade, neste sentido, pode abranger um longo período de tempo, começando com o Iluminismo europeu que contribuiu com novas formas de pensar e conceber a sociedade. Mas, no essencial, a modernidade caracteriza-se por processos de mudança, geradores de desenvolvimento e crescimento desigual que originam descontinuidades e põem a descoberto dimensões ambivalentes.

O sociólogo Z. Bauman (2007), a partir do conceito que designa de «pós-modernidade», propõe uma análise aprofundada sobre ética e moral na sociedade contemporânea. Para o autor, vivemos num mundo repleto de imponderabilidades e de incertezas onde «as escolhas são efetivamente escolhas, o que significa que cada uma delas é, em certa medida, arbitrária e que é provável que a incerteza relativa ao seu acerto perdure muito além do momento da escolha». Para o autor de *A Vida Fragmentada*[2], as raízes dos problemas morais estão mergulhadas na fragmentação do contexto social e na qualidade episódica das experiências vividas e das pertenças ambivalentes da vida pós-moderna. Considera que vivemos numa sociedade em que as relações não duram, em que o poder está desterritorializado e em que o espaço e o tempo não compõem mais as duas faces de uma moeda. O tempo pode ser superado pela velocidade, enquanto o espaço pode ser ultrapassado pelas tecnologias que permitem conhecer o mundo num só clique. A velocidade é assim uma característica marcante da sociedade contemporânea.

Numa perspetiva teórica diferente, Ulrich Beck (2001) concebe a modernidade em torno de um paradigma, o da «sociedade de risco», onde o mundo das certezas é substituído pelo risco entendido enquanto oportunidades e perigos. A «sociedade de risco» tem início com a industrialização e constitui o modelo de perceção e de pensamento da dinâmica mobilizadora de uma sociedade. Para este autor, a sociedade moderna é confrontada com a abertura às inseguranças e aos bloqueios de um futuro produzido por ela própria e já não determinado pela religião, pela tradição ou pelo poder superior da natureza, mas que também perdeu a fé no poder redentor das utopias. A «sociedade de risco» resume uma época da sociedade moderna que não só se liberta das formas de vida tradicionais como também se interroga sobre os efeitos secundários de uma modernização bem-sucedida, ou seja, biografias incertas e perigos inimagináveis que atingem todos os grupos sociais e contra os quais já ninguém se pode proteger de forma adequada.

Prosseguindo nesta linha de raciocínio desenvolvida por U. Beck, consideramos que é perentório reconhecer que um dos aspetos centrais da modernidade é o envelhecimento demográfico das suas populações. O autor reforça que o problema das reformas e pensões, associado ao envelhecimento demográfico, não resulta de uma crise mas dos triunfos da modernidade. Vive-se mais tempo porque há excelentes condições sociais de sobrevivência, com uma redução drástica da mortalidade em todas as idades, avanços no conhecimento científico e nas tecnologias médicas. Quanto mais eficientes são os sucessos da modernidade, mais ameaçadora se apresenta a catástrofe das sociedades envelhecidas (Beck, 2015). Logo, é a modernidade que provoca a corrosão dos fundamentos históricos das instituições da sociedade industrial, neste caso, dos modelos de sistemas de pensões. Não é suficiente, por isso, fazer a crítica. O choque que abala a sociedade resulta do confronto com um efeito secundário imprevisto e não intencional. A naturalização ou «naturalidade artificial» (Beck, 2015: 338) dos sistemas de pensões, enquanto instituições básicas, bloqueiam a possibilidade de encontrar novas soluções. Continuando o seu pensamento, o autor considera que os elevados índices de desemprego «não devem ser considerados uma catástrofe podendo ser vistos como o início da libertação do jugo da obrigação de trabalhar». O estatuto central do trabalho nas nossas sociedades naturalizou o trabalho assalariado. O desemprego crescente «não deve ser considerado um fracasso mas o sucesso da racionalização e do conhecimento tecnológico» (Beck, 2015: 388). O autor considera também que as reformas não se fazem com «reformas fiscais ignorando as perceções, os medos e esperanças das pessoas» e prossegue questionando «como pode alguém ter uma vida com sentido numa sociedade moderna mesmo quando não encontra um emprego?» (Beck, 2015: 389).

Podemos afirmar que com a «sociedade de risco» (Beck, 2001) entrámos numa fase de «insegurança salarial», um conceito posteriormente desenvolvido por Robert Castel (2003). Para Castel, a insegurança social advém dos elevados níveis de desemprego e desemprego de longa duração que passaram a ser estruturais. Insegurança salarial é a insegurança económica pela falta de rendimentos, mas também é insegurança social pelas características próprias dos regimes de proteção social assentes nos rendimentos do trabalho. Ao perder o trabalho por tempo prolongado perde-se não só o salário, que é estruturalmente a fonte de rendimento central para indivíduos e famílias, mas também a proteção social.

Uma outra particularidade que decorre da mesma tendência é o agravamento significativo das desigualdades sociais. Voltamos a ouvir falar de «pobres» e de «ricos», categorias indesejáveis em sociedades que promoveram a social-democracia como ideal político, cujo paradigma assenta em princípios e valores orientadores de políticas de redistribuição da riqueza e de justiça social. As décadas que se seguiram à segunda guerra mundial foram promissoras na construção de um modelo de sociedade mais igualitário, socialmente mais justo e em que foram implementados dispositivos eficientes de proteção social. Este foi o período frequentemente designado por «os trinta gloriosos».

Ao longo dos primeiros anos deste século, os estados sociais, edificados durante a segunda metade do século anterior, revelaram dificuldades múltiplas devidas, em grande parte, ao desemprego crescente, à deslocalização de empresas multinacionais, ao envelhecimento da população, enfim, aos novos desafios da globalização. Segundo Thomas Piketty, não devemos atribuir estes constrangimentos especificamente à evolução económica ou a uma espécie de determinismo económico, mas a razões de natureza política. O aumento ou redução das desigualdades

> depende das representações dos atores económicos, políticos e sociais sobre o que é justo e o que não o é, das relações de poder entre esses atores e das escolhas coletivas que daí decorrem. A dinâmica da distribuição da riqueza põe em jogo mecanismos poderosos que puxam em sentidos opostos e não existe nenhum processo natural e espontâneo que permita evitar que as tendências desestabilizadoras e geradoras de desigualdades prevaleçam no longo prazo (Piketty, 2014: 41).

Este economista refere também que, ao longo do último século, todos os países ricos passaram de um décimo do seu rendimento nacional (obtido a partir de impostos) gasto em despesas comuns para um terço ou metade do seu orçamento. O Estado (social) alargou as suas funções sociais, que são cada vez mais amplas e abrangentes. O peso do Estado nunca foi tão elevado. São despesas em educação, saúde, abonos e rendimentos de substituição. O Estado retém quantias significativas de impostos e quotizações transferindo benefícios para as famílias, sob a forma de rendimentos de substituição, como pensões de reforma, subsídios de desemprego, entre outras. O sistema redistributivo moderno não consiste em «transferir riquezas de ricos para pobres» (Piketty, 2014: 719), mas assenta num princípio de igualdade e lógica de direitos de acesso a bens considerados fundamentais. São eles o direito à educação, à saúde e a uma pensão de reforma. Para Piketty, o Estado social moderno representa um enorme progresso que não deve ser posto em causa com soluções de retrocesso. Todavia, entrámos numa fase de grandes dificuldades e de incertezas em que os sistemas de reforma atingiram uma complexidade singular devido à conjugação sucessiva de regimes diversos. A saída da situação passará por substituir os atuais sistemas fundados na repartição (as quotizações dos atuais trabalhadores são transferidas para pagar as atuais pensões de reforma) por um sistema assente num princípio de capitalização.

Há no entanto que precaver a transição de um sistema para outro. A criação de um regime único de reforma fundado em contas individuais, possibilitando os mesmos direitos qualquer que seja a trajetória, é uma proposta de reforma para as pensões recomendada por Piketty.

A criação de sistemas de segurança social teve como finalidade primordial reduzir a incerteza perante os riscos da existência, em que a velhice surgia como uma das eventualidades associadas a fragilidades, lá para o fim da vida. Nas sociedades pré-modernas, as trajetórias de vida precárias e a escassez de rendimentos não davam espaço a preocupações longínquas, como era a velhice. Os riscos ao longo da existência, em relação ao próprio ou aos seus familiares, impunham-se no aqui e no agora, fazendo com que fossem quase sempre encarados como um futuro distante e incerto.

Perante o «malogro» de certos sistemas de segurança social maduros, criados em grande parte dos países europeus (onde se inclui Portugal), coloca-se-nos a seguinte questão: deverá a proteção social ser um direito universal, assegurando ao conjunto de todos os cidadãos duma sociedade uma cobertura social geral, isto é, uma segurança social no verdadeiro sentido da palavra? Ou a proteção social deve contemplar apenas os grupos e os indivíduos que enfrentam dificuldades específicas, colocando-a na posição de apenas proteger os mais desprotegidos colaborando na sua integração social? (Castel, 2003).

Podemos prosseguir na mesma ordem de raciocínio: o direito universal a uma pensão de reforma enquadra-se nestes pressupostos de filosofia política? Os atuais sistemas de pensões foram bem concebidos na época mas perderam eficiência? Há condições para adequar e reajustar? Tendo sido alterado o quadro de pressupostos, podemos ajustar o modelo? Ou as transformações ao longo do tempo geraram perversões e iniquidades impossíveis de ultrapassar?

Antes de avançar na tentativa de equacionar uma argumentação que vá ao encontro deste dilema, é imperativo recordar a evolução social para onde caminhamos. Não surpreenderá dizer que os nossos filhos, crianças, jovens ou adultos irão provavelmente usufruir de poucas hipóteses de ascensão social e também de muito baixas expectativas de virem a melhorar a sua condição económica, tendo em conta o estatuto social herdado. Ao contrário dos seus pais e avós, os jovens adultos, em princípio de carreira, deparam com dificuldades em concretizar as suas aspirações. Para as gerações anteriores, as aspirações eram, e foram, vividas com a forte convicção de poderem ser concretizadas num futuro próximo ou um pouco mais à frente na vida. Para as atuais gerações de jovens, particularmente os das classes médias, o ponto de partida é diferente daquele que conheceram os seus pais ou avós: o acesso ao trabalho é mais tardio e difícil e, quando acontece, é em condições precárias. O trabalho diversificou-se e a condição salarial tem vindo a modificar-se. A concretização de aspirações não seria grave nas classes média e média alta não fora o aumento bastante acentuado das desigualdades sociais ao longo das últimas décadas (Judt, 2010).

Os anos que se seguiram à segunda guerra mundial foram considerados «milagrosos» pelo que proporcionaram. Evidenciamos a promoção de segurança no trabalho ou uma mobilidade social ascendente e transversal – tendências que foram ocorrendo a par da emergência e estabilização dos valores da social-democracia. Em certos países, como o Reino Unido, foram levadas a cabo um conjunto de medidas políticas «pragmáticas destinadas a aliviar o desfavorecimento e a reduzir os extremos de riqueza e indigência» (Judt, 2010).

A referência aos «trinta gloriosos» – como foram designados os 30 anos após a instauração dos sistemas de segurança social, no período que se seguiu à segunda guerra mundial – leva-nos facilmente a reconhecer a existência do problema: a segurança social já não funciona. Com efeito, o «fim do Estado-providência» constituiu uma relevante e pertinente controvérsia cuja argumentação relativa à inviabilidade do modelo adotado, baseado na repartição, remetia frequentemente para a questão demográfica, por um lado, e, por outro lado, para a organização ternária do ciclo de vida: formação, trabalho e reforma. A estes argumentos juntava-se o crescimento gradual do desemprego e, com a acentuação do envelhecimento, a construção de cenários prospetivos indiciava o agravamento das estruturas populacionais. As mudanças sociais que já estavam a acontecer vieram confirmar as dificuldades de aplicação deste modelo e a sua previsível inviabilidade.

2. O considerável crescimento do tempo que esperamos poder viver

O crescimento da longevidade é um dos factos atribuíveis aos sucessos da modernidade. Poder viver mais tempo e com saúde é, desde sempre, uma aspiração do Homem. O aumento crescente da esperança de vida, especialmente nos últimos patamares de idade, representa uma grande vantagem para as novas gerações que deles se vão aproximando. As mudanças demográficas e sociais, tais como as significativas melhorias do estado de saúde das populações e o consequente aumento da longevidade humana, criaram novas realidades, embora relativamente distintas para os homens e para as mulheres.

O recuo da propensão a morrer é avaliado pela esperança de vida calculada em todas as idades. Em Portugal, em 2012, a esperança de vida à nascença era de 82,5 anos para as mulheres e 77,3 para os homens (EUROSTAT, 2016). A esperança de vida masculina é inferior à média europeia e representa a esperança de vida masculina mais baixa registada no conjunto dos 15 países europeus com maior longevidade. Este valor pode ser atribuído ao facto de a mortalidade prematura da população portuguesa masculina ser elevada, muito provavelmente relacionada com comportamentos de risco.

Na União Europeia (UE), em 2012, a longevidade masculina mais elevada registava-se em países como a Islândia (81,6), a Suécia (79,9), a Noruega (79,5), a Espanha (79,5) e a Itália (80,1); rondando portanto os 80 anos – limite atingido ao longo da última década. Do lado feminino, na mesma data, a esperança de vida à nascença já era de 85 anos. Os valores variavam entre 77,8 anos na Bulgária e 85 anos em Espanha, Itália e França. Esta grande longevidade feminina traduz um calendário da mortalidade que atingiu um limite difícil de ultrapassar, isto é, conseguiu reduzir-se ao mínimo toda a mortalidade evitável, minorando também os potenciais anos de vida perdidos.

Nas populações em que a mortalidade infantil é elevada, o indicador de esperança de vida à nascença é fortemente afetado. Porém, nas populações europeias, a mortalidade infantil desceu para um limite ínfimo, difícil de vir a ser superado. O que explica as diferenças de esperança de vida à nascença observadas nos vários países resulta de comportamentos de risco relacionados com estruturas sociais e culturais desiguais, bem como de diferentes níveis de desenvolvimento económico e político. No atual quadro de progresso social, económico, científico e tecnológico, não é provável que a esperança de vida à nascença evolua além dos 85 anos, valor conquistado em primeiro lugar pelas mulheres japonesas e, posteriormente, pelas mulheres de alguns dos países europeus. Os ganhos em anos de vida medem-se agora nas idades mais tardias da estrutura etária. As diferenças entre países traduzem diferenças no que respeita às condições de vida material, boas práticas em saúde, programas de promoção da saúde e prevenção de doença e acesso a cuidados de saúde.

Em relação à população masculina, têm vindo a ocorrer ganhos em esperança de vida, sobretudo após os 60 anos. Porém, Portugal é um dos países com mais baixa esperança de vida masculina à nascença, como já observámos, e onde os ganhos em anos de vida, atingidos os 60 anos, não têm sido significativos em comparação com outros países europeus (Fernandes, 2014).

Ao nível das estruturas demográficas das populações europeias, podemos afirmar que as primeiras ameaças aos sistemas de pensões, particularmente os que foram construídos com base no princípio de repartição, estão diretamente relacionadas com a evolução demográfica prospetiva. As estruturas populacionais evoluíram para uma contração da base da pirâmide etária, originada pelo declínio da natalidade/fecundidade, e para um alargamento do topo decorrente do declínio da propensão a morrer. Os indicadores da natalidade são também afetados pelo envelhecimento das estruturas demográficas, isto é, uma população mais envelhecida terá menos nascimentos no cômputo global e a base da pirâmide tenderá a estreitar, ainda que mantenha a mesma tendência a procriar.

Em 2012, Portugal apresentava a propensão a procriar mais baixa da UE-28, medida a partir do Índice Sintético de Fecundidade (ISF) – atingiu 1,28 filhos por mulher. Este pode ser considerado um dos níveis mais baixos jamais observados em condições societais normais, isto é, excluindo as situações críticas decorrentes de guerras ou desastres naturais. Seguem-se a Áustria (1,3) e a Alemanha (1,38), países tradicionalmente antinatalistas apesar de contarem com apoios sociais e equipamentos maternais de suporte familiar. Na posição oposta, apresentando elevada propensão a procriar, apenas três países conseguem atingir níveis razoáveis de fecundidade, facto que lhes permitiu recuperar a capacidade de repor as gerações. São eles a França (2,01), a Irlanda (2,01) e a Islândia (2,04), conseguindo atingir o nível de duas crianças por mulher. O caso francês é o mais paradigmático desta tendência porque sempre procurou elevar a natalidade através de «políticas natalistas»[3], tendo conseguido, em meados da década passada, atingir o nível de reposição das gerações (2,1 crianças por mulher) através de políticas concertadas de apoios sociais e criação de dispositivos de acolhimento maternal, os quais se revelaram eficazes perante os objetivos.

A sustentabilidade demográfica poderia ser alcançada se a fecundidade aumentasse de novo para o nível de substituição das gerações e permanecesse nesse patamar. Ao longo das últimas duas décadas, o declínio da fecundidade nas sociedades industrializadas avançadas tem sido acompanhado por grandes mudanças nos comportamentos relativos à propensão a procriar. Enquanto anteriormente os países com as maiores taxas de fecundidade eram aqueles onde as tradições culturais de cariz familiar eram mais acentuadas e em que a participação das mulheres no mercado de trabalho era menor, hoje em dia essas relações estão totalmente invertidas. Os países do sul da Europa, católicos, com valores tradicionais e estruturas familiares resistentes, apresentam agora uma fecundidade excecionalmente baixa. Os países do norte, como o Reino Unido, a França, a Irlanda e os países escandinavos, revelam níveis de fecundidade relativamente elevados, apesar de altas taxas de divórcio, elevados níveis de coabitação e grande proporção de nascimentos fora do casamento.

G. Esping-Andersen considera que o atual debate sobre o futuro da proteção social e do Estado-providência se centra de forma exclusiva na globalização e no envelhecimento, ignorando aquilo que ele considera «um fator de mudança revolucionário: o lugar das mulheres na sociedade» (Esping-Andersen, 2008: 39). No espaço de uma geração, o percurso de vida das mulheres alterou-se radicalmente para a maioria delas, experimentando uma espécie de «masculinização» das suas opções em termos de percurso de vida e com a conjugalidade a tornar-se mais precária. Esta tendência está intimamente relacionada com a conquista de autonomia por parte das mulheres. O declínio da fecundidade/natalidade deverá ser interpretado à luz de todas estas alterações estruturais.

Para fomentar a propensão a procriar seria necessário considerar as condições da economia, a flexibilização de horários de trabalho, as instituições de guarda das crianças, além de mudanças de paradigma cultural e social no âmbito dos valores fundamentais e dos estilos de vida, que envolvam a sociedade como um todo. Seria necessário, também, ter em consideração certos efeitos geracionais que poderão explicar tendências mais recentes de incremento da natalidade, observadas no centro e no norte da Europa. Além do enquadramento protetor das políticas promotoras da natalidade, largamente implementadas nestes países, as jovens mães são filhas de mães que já se confrontaram com as dificuldades da escolha entre poder trabalhar e prosseguir uma carreira profissional ou ter um filho. Este fenómeno poderá estar na origem de algumas mudanças de paradigma, quer da maternidade quer da paternidade, isto é, para parte das novas gerações poderá estar a acontecer uma revalorização no que respeita às opções de uma carreira profissional com custos na atenção dada aos filhos e à família. No entanto, os meios para promover a sustentabilidade demográfica não passam só pelo incremento da natalidade. As políticas de abertura à imigração vão ao encontro desse objetivo, não só pelo rejuvenescimento das estruturas da população ativa como também pela possibilidade de aumentar a natalidade e, dessa forma, reduzir o peso da população idosa, com todas as dificuldades culturais e políticas já conhecidas.

Em Portugal, a evolução das estruturas demográficas reflete o duplo envelhecimento, na base e no topo da pirâmide. As proporções de jovens foram sempre diminuindo e as proporções de idosos não pararam de aumentar. O crescimento da população 80+ é mais acelerado do que o da população da categoria imediatamente anterior. O quadro abaixo revela a aceleração do crescimento da população de 80 e mais anos. Ao analisar os dados equiparados a 100, no início do período observado (Figura nº 1), confirmamos o extraordinário crescimento dos mais velhos (80+) em relação às outras categorias etárias. Foi neste grupo que o número relativo de indivíduos mais aumentou devido ao crescimento da esperança de vida. A proporção de pessoas a atingir as idades mais elevadas da estrutura etária é cada vez maior.

Fig. nº 1: Evolução das estruturas populacionais da população portuguesa, 2003-2014 (2003 equiparado a 100)

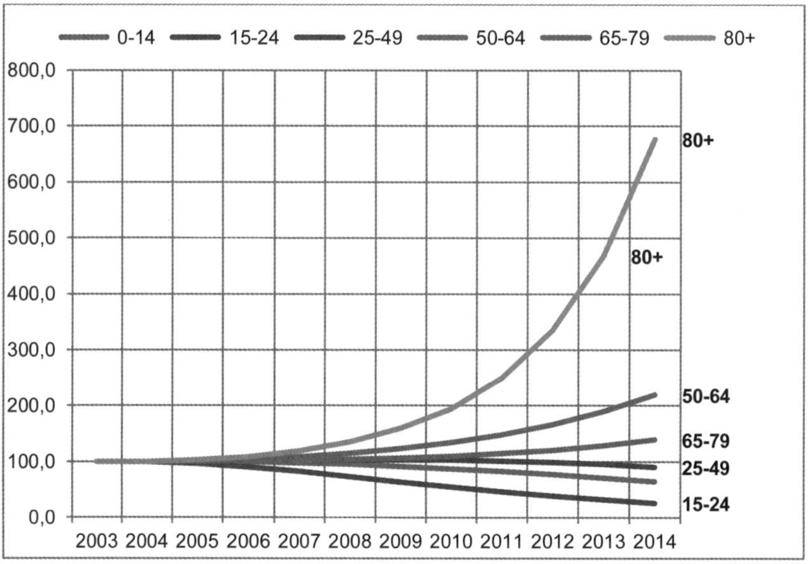

Fonte: Instituto Nacional de Estatística (INE)

A projeção da população para 2032, de acordo com a população existente em 2007, evidencia o efeito do envelhecimento demográfico ao longo da estrutura etária (Figura nº 2). A projeção foi elaborada a partir de um cenário de estabilidade da natalidade que não se verificou nos anos subsequentes.[4] Neste cenário, as categorias ativas mostram já um desfalque relativamente a 2007 e um aumento nas categorias superiores.

Fig. nº 2: Estruturas da população portuguesa em 2007 e projeção para 2032

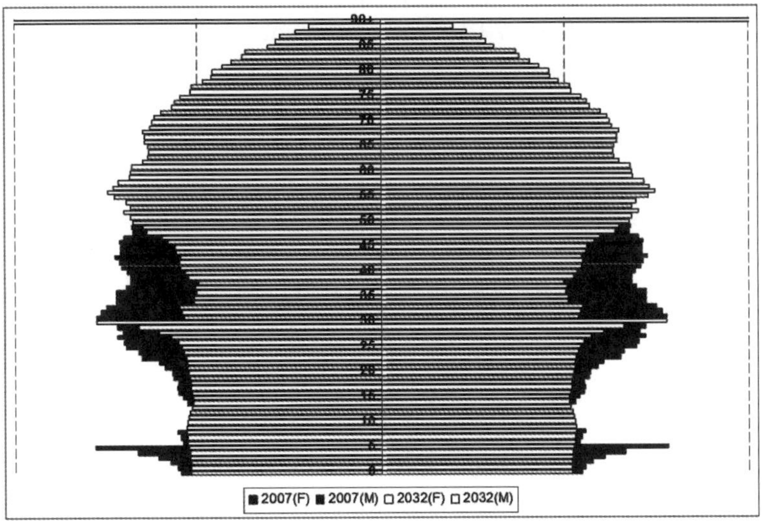

Fonte: Projeto FELICIE (elaboração própria).

Fig. nº 3: Evolução do Índice de Dependência (ID) (ID=Pop. 65+/Pop. 15-64), em Portugal (1990-2014)

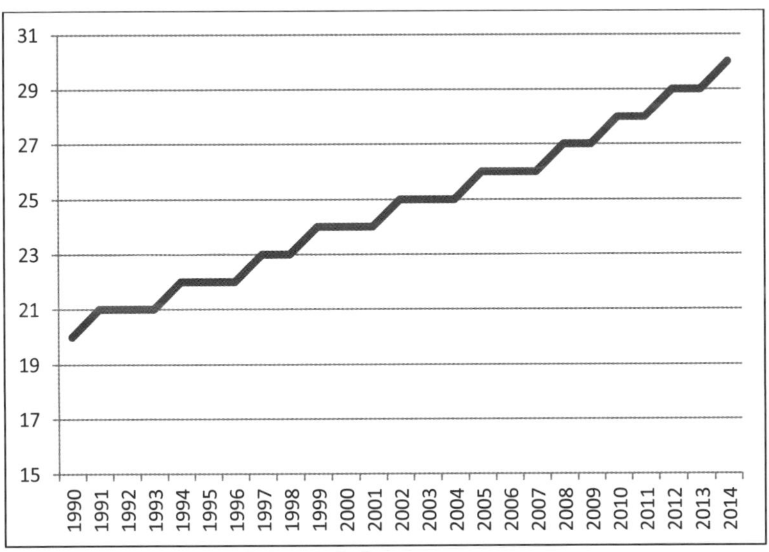

Fonte: Eurostat.

Neste percurso, baseado nos indicadores demográficos, damos conta da evolução inquietante dos Índices de Dependência (ID), calculados a partir da relação entre o número de reformados e o número de quotizantes ativos (Figura nº 3). Entre 1990 e 2014, o índice aumentou de 20 para 30, isto é, para os mesmos 100 quotizantes que contribuem para o sistema, passámos de 20 para 30 pensionistas. É neste desequilíbrio que reside o essencial da insustentabilidade dos sistemas de pensões. Esta evolução tem vindo a acelerar a tendência de crescimento devido à redução estrutural da população ativa, consequência do declínio da natalidade e do crescimento dos mais idosos.

O êxito da aplicação dos sistemas de proteção social, ao longo da segunda metade do século XX, ficou a dever-se à compatibilidade da sua estrutura organizativa com o desenvolvimento demográfico, económico e social dos países europeus onde foram implementados. O envelhecimento populacional era ténue e contrabalançado pela natalidade ainda elevada. A economia baseava-se no pleno emprego e os sistemas de proteção fundavam-se apenas na profissionalização masculina. O trabalho profissional e a proteção social foram pensados em função do homem, no quadro das relações de género assimétricas da sociedade burguesa tradicional. A carreira profissional, associada ao pleno emprego, não estava sujeita a grandes perturbações e representava o emprego para toda a vida. A reforma, quando se atingia, era já numa idade tardia. Considerando a esperança de vida na época, era curto o período em que se chegava a usufruir de uma pensão de reforma (Fernandes, 2008; Gaullier, 1996).

Este modelo de proteção social adequava-se ao ciclo de vida repartido por três etapas: «infância e juventude», o ciclo da aprendizagem; «vida ativa», a etapa do ciclo que correspondia ao período de produtividade; e «velhice», a «terceira idade», a etapa final do ciclo de vida. A eficácia da sua aplicabilidade contribuiu para generalizar e reforçar a imagem desta trilogia do ciclo de vida. O crescimento da longevidade veio perturbar esta arrumação e organização, como se a trajetória de vida fosse uma banda elástica que ao esticar se alterasse em toda a sua estrutura. Se os marcadores das idades de transição se mantiverem, temos então novas idades, que se constituem como jovens ou jovens adultos, considerados para muitos efeitos até aos 35 anos, ou ainda os «jovens reformados», porque se reformam precocemente.

Constituíram-se «idades novas» ao longo do ciclo de vida, localizadas nas transições de uma fase do ciclo para outra, surgindo como novas num ciclo menos padronizado, mais incerto mas, principalmente, mais longo (Figura nº 4).

Fig. nº 4: Os efeitos da longevidade na extensão e estruturação do ciclo de vida

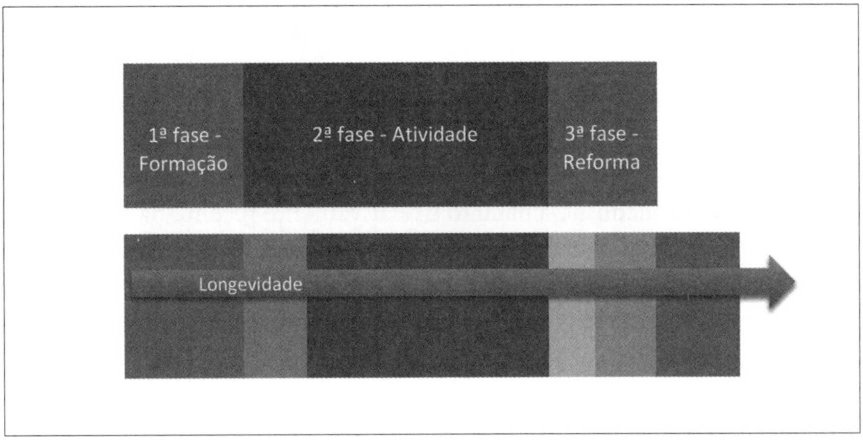

Uma das fases mais afetada foi a última fase, frequentemente designada por «terceira idade». As sucessivas designações utilizadas para estas novas fases do ciclo, «quarta idade» e «quinta idade», não chegaram a ter reconhecimento social pela falência do conceito original em que ancoravam.

3. O direito universal a uma pensão de reforma

Na sociedade portuguesa, a consciência coletiva do direito universal a uma pensão de reforma é relativamente recente. A representação social da reforma, enquanto direito de cidadania, parece ter-se constituído mais a partir de um sentido subjetivamente atribuído, enquanto poupança individual compulsiva para benefício pessoal, do que da consciência de benefício que resulta de um compromisso intergeracional. É, portanto, uma certa consciência, relativamente generalizada, que assume os seus descontos num princípio de capitalização. Esta conceção do direito à pensão de reforma condiciona o sentido da avaliação relativa à equidade social e à solidariedade, subjacentes ao contrato social entre gerações, e acaba por influenciar também o exercício da cidadania. Cumpridas as obrigações para com o Estado, ao fim de anos de trabalho, espera-se o direito conquistado a um salário, diferido no tempo e até ao fim da vida.

Colocam-se aqui algumas questões problemáticas: de que forma a reivindicação do direito a uma pensão de reforma está associada à consciência de um benefício que advém do envelhecimento ou de outros riscos geradores de incapacidades para o trabalho? Ou, pelo contrário, o direito a uma pensão de reforma constitui-se a partir da consciência de quem contribuiu para o sistema e se acha agora no direito de usufruir, não só de um repouso remunerado, mas, principalmente, da capitalização decorrente do seu contributo financeiro enquanto trabalhador, ao longo da trajetória de vida ativa?

A institucionalização dos sistemas de pensões e a universalização deste benefício favoreceu a formação e o reconhecimento de uma nova categoria social: o «reformado». O conceito é relativamente recente na história das sociedades modernas e só se generalizou nos anos subsequentes à segunda guerra mundial. Portugal foi um dos países da Europa ocidental onde mais tardiamente foi institucionalizado o direito universal a uma pensão de reforma associada ao trabalho.[5]

Estar reformado/aposentado é hoje uma condição social comum. Os *slogans* publicitários de instituições bancárias e seguradoras apresentam os «rendimentos dos salários» ao mesmo nível dos «rendimentos das pensões de reforma», referindo-se a ambos de forma equivalente do ponto de vista dos seus objetivos promocionais. A distinção é meramente formal, porque a finalidade é a mesma. Esta evidência, que é recente, deve-se não só ao facto de os montantes serem relativamente equiparáveis como também ao fator demográfico, isto é, à crescente dimensão da população reformada em relação à população ativa, que é cada vez menor.

O conceito «reforma» leva-nos a procurar o sentido que lhe é atribuído em várias línguas. O *Dicionário de Português* (Porto Editora) define reforma como «ato ou efeito de reformar; nova forma; nova organização; mudança para melhor, melhoramento; conserto, reparação; situação de um funcionário que, por ter completado a idade regularmente fixada, por doença ou por incapacidade física, foi dispensado do serviço; aposentação; pensão mensal vitalícia recebida por funcionário nessa situação». A definição privilegia outros significados e apenas as suas elucidações finais remetem para a situação de reformado, tornando-a uma definição débil e pouco categórica visto que prioriza significados afins.

Na língua inglesa é utilizado o conceito *retirement – the fact of stopping work because you have reached a particular age* – ou *retired – having retired from work (Oxford Advanced Learner's Dictionary, 7th edition)*. Estes significados remetem de imediato para a situação institucional de quem vive de uma pensão porque parou de trabalhar.

Por sua vez, na língua francesa, o conceito *retraite* significa *action de se retirer; pension qui touche un salarié qui a cessé toute activité profissonelle* (Larousse), levando-nos diretamente, e sem outros significados concorrentes, para o conceito de reforma.

Se decompusermos o conceito (re)forma deparamos com o prefixo «re», que segundo o *Dicionário de Português* significa «repetição, intensidade, reciprocidade e movimento para trás». Da mesma forma, o conceito de «aposentação» apresenta como primeiro significado «antiquado» seguido de «ato ou efeito de aposentar ou de se aposentar» e, por último, «situação de um funcionário que, por ter completado a idade regularmente fixada, por doença ou por incapacidade física, foi dispensado do serviço; reforma, pensão mensal vitalícia recebida por um funcionário nessa situação».

A. M. Guillemard (1972), numa das primeiras investigações publicadas sobre a reforma, *La retraite: une mort sociale. Sociologie des conduites en situation de retraite*, atribui-lhe uma dupla significação. Por um lado, a reforma representa afastamento do trabalho com perda de estatuto social e profissional. Por outro lado, a passagem à reforma proporciona a contrapartida do direito a um repouso remunerado. Ao afastarmo-nos do espaço social de trabalho, onde decorreu uma boa parte da nossa trajetória de vida e onde pudemos estabelecer uma rede de contactos e relações sociais, voltamos ao espaço privado da vida, das relações familiares, de amizade e de vizinhança, usufruindo de um rendimento sem ter que trabalhar. A família adquire a importância e a centralidade até aqui relativizadas pela concorrência das relações sociais resultantes da vida profissional.

A emergência das primeiras reformas acontece, na Europa, no período histórico do capitalismo industrial dos finais do século XIX, início do século XX. As condições de vida do proletariado, que dispunha apenas da sua força de trabalho como recurso de vida, levavam frequentemente a situações de miséria extrema por falta de rendimentos, propriedades, meios de subsistência próprios ou de suporte familiar. Se, na lógica capitalista, era necessário afastar aqueles que iam perdendo a força para trabalhar, as situações de miséria e pobreza extrema a que ficavam votados motivaram a criação das primeiras pensões de reforma. Historicamente, o problema da velhice adquire visibilidade social relacionado com a miséria para que eram remetidos os velhos operários afastados do circuito de produção quando deixavam de ter condições para vender a sua força de trabalho em troca de um salário (Fernandes, 1997).

Em sociedades tradicionais, entre os camponeses e no seio da burguesia, as condições de vida na velhice tinham os contornos do património familiar detido. A condição patrimonial, assente na origem social e na trajetória percorrida, levava a que o patriarca, de experiência preciosa e detentor de propriedade, decidisse da sua transmissão e, nessa condição, detinha autoridade e garantia o respeito dos seus descendentes e potenciais herdeiros.

No outro extremo da estrutura social, os «velhos», sem bens patrimoniais, incapazes de trabalhar por doença ou falta de forças, dificilmente sobreviviam, mesmo em ambiente familiar, confundindo-se frequentemente com os mendigos e indigentes. Para um operário, a força de trabalho era o capital detido que acabava por ser vendido em troca de um salário. Pelo facto de não possuírem património para transmitir às gerações seguintes, os operários não reuniam as condições familiares que poderiam proporcionar suporte na velhice. Este suporte decorria dentro da lógica das trocas intergeracionais, nos espaços privados da vida familiar. Os velhos operários, afastados da família ou até por ela rejeitados, sem força física para competir no mercado de trabalho assalariado, viam-se atirados para a mendicidade, asilos, instituições de beneficência ou mesmo hospitais (Fernandes, 1997).

As primeiras organizações de proteção foram criadas para suprir alguns dos riscos da existência, tais como o apoio na doença, os cuidados médicos, os medicamentos ou ajuda em caso de incapacidade temporária para trabalhar. Eram designadas «mutualidades» ou associações de socorros mútuos. Na designação anglo-saxónica eram conhecidas como as *friendly societies*. Pese embora o seu relevante papel social na época, não chegavam a satisfazer as necessidades sociais crescentes. Para que houvesse eficácia seria necessária a adesão de um grande número de quotizantes com obrigatoriedade de pagar a quota. No que respeita à pensão de reforma, a imprevisibilidade da vida e da morte e a distância que separava o tempo de quotização em relação ao seu benefício não eram compatíveis com as condições objetivas de subsistência precária em que viviam os operários nos finais do século XIX. Nestas condições sociais, a eficácia era ainda mais reduzida.

Historicamente, foi-se operando uma transição gradual do princípio da «propriedade» para o princípio do «trabalho» a partir da obrigatoriedade de seguros para todos os que, por outros meios, não conseguiam superar os riscos da existência, tais como precariedade no trabalho, doença, incapacidade para trabalhar ou velhice. O princípio baseou-se numa mutação da propriedade, isto é, foi criada a «propriedade social» que é aplicada às categorias da população ameaçadas de decadência, proporcionando o desenvolvimento de uma «tecnologia de seguros» no âmbito da emergência de uma sociedade salarial, ou seja, da generalização do trabalho assalariado (Castel, 1995).

4. O caso português: Da Previdência Social à Segurança Social

A construção e elaboração do que viria a ser a institucionalização das pensões de reforma na Europa está intrinsecamente relacionada não só com os movimentos operários sindicais, particularmente em regiões de concentração industrial e populacional, como também com a iniciativa dos proprietários da indústria manufatureira. Encontramos ainda na génese das pensões de reforma a participação de instâncias públicas diversas que, através de dispositivos que proporcionavam benefícios sociais, procuravam fixar os trabalhadores. Foi a partir destes movimentos que foram criadas as primeiras «caixas de pensões de velhice». Os movimentos associativos, de operários e artesãos, que se organizaram em vários países ao longo da segunda metade do século XIX, tiveram em Portugal fraca expressão no que concerne à promoção de direitos de proteção na velhice.

Historicamente, podemos afirmar que os princípios que estiveram na origem das primeiras reformas oscilavam entre o valor da solidariedade social e a pensão atribuída como recompensa por uma vida dedicada ao trabalho. No primeiro caso, a solidariedade era fundada em lógicas mutualistas que se desenvolveram nos finais do século XIX em contextos industriais onde a condição salarial do operariado colocava os velhos em situação de grande precariedade e indigência. Porém, a atribuição de uma pensão de reforma a trabalhadores que dedicaram a sua vida a servir foi também um dos princípios encontrados na atribuição das primeiras reformas. No essencial, o mesmo argumento era igualmente utilizado pelos proprietários das manufaturas e industriais para fixar o seu operariado.

Na história da institucionalização das pensões de reforma na sociedade portuguesa, foi o princípio da recompensa por uma vida de trabalho que identificámos como legitimador da atribuição das primeiras pensões a funcionários estatais. A ideia de mérito e dedicação ao trabalho advém diretamente da instância empregadora, no nosso caso o Estado, que também protagonizou, em parte, a organização das Caixas de Pensões. Por outro lado, o valor da solidariedade social que encontrámos entre associações de trabalhadores sob a forma de mutualidades ou socorros mútuos teve fraca expressão organizativa durante o Estado Novo. Os princípios orientadores do trabalho corporativo minaram a possibilidade de desenvolvimento deste associativismo alternativo, baseado na solidariedade social e no auxílio mútuo (Fernandes, 1997).

Na sociedade portuguesa, no início do século XX, o debate desenvolvia-se entre o conceito de «assistência» ou o conceito de «seguro» contra o pauperismo. Lentamente, foi-se passando para um discurso de educação moral impondo a necessidade de previdência voluntária: mutualismos ou sociedades de socorros mútuos, as *friendly societies*. A fratura consistia no direito ao seguro estar associado à condição salarial (aqui intervinham os valores morais de negligência e leviandade dos que não queriam trabalhar).

De todos os riscos que corriam os operários, detentores apenas de força de trabalho, a velhice era o mais longínquo. O longo período que separava o esforço de quotização dos benefícios que dela poderiam vir a usufruir desmobilizava os trabalhadores. A Lei 1884 ou da Previdência (1935), que regulamentava toda a atividade de previdência social, registava quatro categorias de instituições de previdência que cobriam eventualidades de doença, invalidez e velhice: Caixas de Reforma, Caixas Sindicais de Previdência, Casas dos Pescadores e Caixas de Previdência das Casas do Povo.

O carácter e fundamento do direito a uma pensão de reforma era fundado nos seguintes quatro princípios: (i) invalidez presumida, (ii) salário diferido, (iii) direito ao repouso, e (iv) solidariedade nacional (Lei nº 2115; Fernandes, 1997). Até 1974, o sistema foi sofrendo modificações pontuais que podiam ser identificadas como prosseguindo os valores iniciais que se propunham poder abranger todos os trabalhadores. Este movimento teve sempre o protagonismo estatal e a ausência de intervenção dos trabalhadores ou de organizações que os representassem. As alterações dos pressupostos iniciais virão a acontecer, em finais da década de 1960, com a designada «Primavera Marcelista».

Por contingências políticas da sociedade portuguesa, a implementação de um sistema de segurança social, que aconteceu alguns anos após ter ocorrido na maioria dos países europeus, foi sendo concretizada a partir da reestruturação da então vigente Previdência Social. Entre os objetivos iniciais do projeto de criação de um sistema de segurança social estavam a promoção dos princípios de universalidade e de equidade, inexistentes no anterior sistema. Entre outras, as medidas fundamentais consistiam em promover a integração na segurança social de todos os trabalhadores até então não abrangidos por esquemas de proteção, a uniformização dos vários regimes de previdência e a igualização progressiva dos trabalhadores rurais (Fernandes, 1997).

A segurança social, implementada na Europa após a segunda guerra mundial, assentava no alargamento da cidadania social. Os estados democráticos assumiram a responsabilidade de alargar os direitos de cidadania, civil e política, proporcionando as condições de bem-estar social de forma igualitária. Irão ser estes os fundamentos do Estado de Bem-Estar (*Welfare State*). É neste período da história das sociedades modernas que a solidariedade intergeracional se institucionaliza a partir do contrato social entre gerações, o qual virá a estabelecer os alicerces da segurança social dos nossos dias.

Em Portugal, é só com a aprovação da Constituição da República Portuguesa, em 2 de abril de 1976, que se enunciam os pressupostos de criação da segurança social. A garantia é dada no Artigo 9º, alínea d): «São tarefas fundamentais do Estado promover o bem-estar e a qualidade de vida do povo e a igualdade real entre os portugueses, bem como a efectivação dos direitos económicos, sociais, culturais e ambientais, mediante a transformação e modernização das estruturas económicas e sociais.»

A década de 1980 marcou o início do fim de um período de proteção social que cumpria os seus objetivos enquanto projeto político. A «terceira idade», a terceira etapa de um ciclo de vida organizado em três tempos, representava o momento «do repouso», do «lazer», de procurar finalmente «viver e fruir uma vida tranquila», prestes a realizar-se. Contudo, não é demais reiterar que a institucionalização dos sistemas de pensões é relativamente recente na história das sociedades modernas, só se generalizando nos países europeus no período que se seguiu à segunda guerra mundial.

Em Portugal, o sistema de segurança social começou a dar sinais de vulnerabilidade mais tarde do que em outros países europeus. Este retardamento pode ser atribuído a dois fatores prioritários: por um lado, ao atraso verificado no que toca ao envelhecimento das estruturas demográficas, que ainda evidenciavam vitalidade na década de 1990 graças ao recuo tardio da natalidade; por outro lado, ao baixo nível dos valores das pensões até então registadas e às vantagens do modelo redistributivo então adotado.

Na última década do século XX, a adoção de uma política de atribuição de pré-reformas levou um grande número de trabalhadores, na meia-idade, a aposentar-se precocemente, particularmente nos setores ligados aos serviços (banca e seguros) e às indústrias pesadas. Este processo, inicialmente estimulado pela política europeia, ajudou a viabilização e a reorganização de grandes empresas, com ajustamentos nos quadros de recursos humanos. Desta forma, afastaram-se do mercado de trabalho muitos trabalhadores cujas idades não lhes permitiram reciclar as competências e voltar a encontrar emprego. O mesmo procedimento expandiu-se por vários setores produtivos, pelas circunstâncias decorrentes do desenvolvimento tecnológico dos nossos dias e das sucessivas alterações dos modelos de gestão das organizações empresariais e administrativas.

5. Ser reformado não é ser velho

Ao longo dos últimos trinta anos, novas representações de velhice ganharam forma no imaginário social do Ocidente, que se opõem, em cada detalhe, à imagem que existia anteriormente. O conceito de velhice, que tinha sido dominante na nossa cultura desde o final do século XVIII, tem vindo a alterar-se significativamente e perdeu a dimensão monolítica e uniforme, marcando-se apenas por pequenas variações e diferenças relacionadas com categorias sociais.

A evolução do conceito levou a uma crescente dispersão de imagens para a mesma representação social: a representação do que é ser velho. Esta tendência resulta não só da diversidade de estilos de vida que caracteriza os nossos dias mas também da reconfiguração do ciclo de vida graças à longevidade. Neste contexto, a idade da velhice, aquela em que as situações de incapacidade podem ocorrer temporária ou definitivamente, pondo em risco a autonomia dos indivíduos, foi adiada para mais tarde. O aumento da esperança de vida, que nos últimos anos se verifica especialmente nas gerações mais velhas, resulta no adiamento do calendário da mortalidade. Viver mais tempo é viver mais anos e, neste caso, passar por novas etapas, por novas idades. As novas gerações vão percorrer trajetórias de vida mais longas, ficando expostas a uma maior diversidade de ocorrências sociodemográficas que transformam a trilogia do ciclo de vida em «idades móveis» e «tempos incertos», segundo a conceção de Xavier Gaullier (1988).

A velhice, como categoria social, tem permanecido institucionalmente ligada a um limite de idade fixo, o mesmo que está definido como o da idade de acesso à reforma/aposentação. A definição institucional deste limite tem sido alvo de manipulações, apresentando-se como o resultado de processos históricos que envolvem conflitos entre o Estado, as instâncias empregadoras e as organizações sindicais representantes dos trabalhadores. Esta definição institucional, que é antes de mais uma categoria estatística, não tem sido adaptada às transformações sociodemográficas mais recentes e tem mesmo vindo a ser reforçada com a cessação antecipada de atividade. Ao passar à categoria de «reformado», o «jovem velho» encontra as condições para adquirir as propriedades que são socialmente imputadas à velhice. Perde o estatuto social atribuído a partir do trabalho profissional – a reforma é também uma forma de exclusão social – e adquire o estatuto desvalorizado de «reformado». As imagens socialmente construídas da reforma estão associadas à velhice: um reformado é aquele que finalmente atingiu a idade, ou o tempo de trabalho, que lhe dá o direito a receber um salário sem trabalhar. Esta representação social interfere nas práticas sociais dos que se encontram na situação, contribuindo para o reforço da identidade social desta categoria de indivíduos.

Estamos em condições de afirmar que, no que respeita ao nosso imaginário coletivo, o conceito de «reformado» afirma-se já dissociado de «ser velho», categoria indesejável e negativamente considerada. Por seu lado, o «reformado» tem vindo a constituir-se como uma categoria identificada com avaliações positivas e experiências social e individualmente bem-sucedidas. A segmentação entre as duas categorias, «reforma» e «velhice», vem pôr em causa alguns dos pressupostos iniciais que fundamentavam a legitimidade da primeira em relação à segunda. Desde logo, o pressuposto da solidariedade social – princípio universal que sustenta o funcionamento das sociais-democracias e o alargamento dos direitos sociais no Estado social. Este é um dos princípios em que assentam os sistemas de segurança social, assim como os objetivos e finalidades que fundamentaram o surgimento das primeiras pensões de reforma. A reforma está, na sua génese, indissociavelmente incorporada na velhice enquanto incapacidade para o trabalho (Guillemard, 1980: 19).

Como já acima referimos, foi no seio do operariado, destituído de herança, de propriedades e de qualquer forma de capital suscetível de assegurar a sobrevivência na velhice, que a questão da instituição de um auxílio público foi considerada um problema que era urgente resolver. Esta espécie de consciência coletiva ganhou forma um pouco por toda a Europa do norte, especialmente nas zonas onde a industrialização começava a instalar-se, e no lastro de reivindicações operárias e sindicais. Tratava-se, de início, de uma ajuda às situações de reconhecida miséria associada à incapacidade para o trabalho. A generalização deste benefício, em que o direito a uma pensão é indissociável do facto de se ser velho e incapaz para o trabalho, proporcionou as condições para conferir progressivamente uma identidade à velhice na qual estas propriedades lhe são inerentes (Gaullier, 1996).

Já após a segunda guerra mundial, com a instauração de sistemas de pensões, uma certa forma de *marketing*, configurado em imagens e *slogans* e concebido numa fase inicial do usufruto do benefício da reforma, contribuiu para a definição de uma representação positiva da terceira fase do ciclo de vida, a «terceira idade». O tempo para viver na reforma parecia ter alcançado, com eficácia, os objetivos implicitamente veiculados pelos promotores da ideia. Foi ainda no início da década de 1960, em grande parte dos países da Europa ocidental e ao longo do período áureo dos sistemas de proteção social, que a representação positiva ganhou força e consistência à medida que crescia também o número dos beneficiários, contribuindo desta forma para a visibilidade social do reformado enquanto categoria social.

Quanto à idade da velhice, esta tem transposto os limites convencionais e avançado ao sabor das flutuações do alongamento da vida. Segundo estudos já realizados (Dupâquier, 1997), a idade da velhice – considerada como a idade em que ainda restam dez anos de esperança de vida a uma coorte de indivíduos – tem sido retardada com os ganhos relativos às probabilidades de sobrevivência desde a nascença. A idade de ser velho, em que se começam a perder capacidades essenciais, surge mais tarde, sem que institucionalmente se tenham alterado os limites convencionados há mais de um século. A idade da reforma, que coincide com a definição institucional da velhice, tem sido objeto de debates, políticos e sociais, especialmente nos países onde se implementaram reformas que incluíam o aumento deste limite de idade.

Uma certa perturbação ao longo das trajetórias de vida, de que aos poucos nos vamos dando conta, tem contribuído para separar a velhice da reforma. A velhice parece surgir agora, de forma mais nítida, associada às várias incapacidades (físicas, psíquicas e mesmo materiais) que surgem nas idades muito avançadas. Neste novo cenário, deparamos com a existência de uma «idade nova», uma nova fase do ciclo de vida, situada entre a passagem à reforma e a velhice propriamente dita.

Examinemos de seguida uma outra dimensão da reforma: a que diz respeito aos imperativos que nos dão o direito de usufruir de uma pensão. É a partir das quotizações, dimensionadas ao nível salarial e realizadas ao longo da trajetória de vida ativa, que adquirimos o direito a uma pensão de reforma. Um dos aspetos que caracteriza a sociedade moderna é ter-se constituído como uma «sociedade salarial». Nesta perspetiva conceptual, a sociedade caracteriza-se por uma estrutura relativamente homogénea na sua diferenciação e concentra o essencial das atividades sociais em torno da condição de assalariado. É esta condição que, nas sociedades industriais, fundamenta uma certa identidade social comum. A estrutura das relações, no seu interior, é pautada por margens: posições de excelência acima da condição de assalariado e de indignidade abaixo dela. O assalariado é julgado/classificado pela sua situação de emprego e existe socialmente a partir desse lugar ou posição social (Castel, 1995).

Neste exercício de reflexão sobre a reforma e a categoria social de reformado, não podemos deixar de mencionar o papel do Estado enquanto um dos protagonistas cuja intervenção como mediador num espaço de negociação de compromissos entre diferentes posições e interesses tem vindo a adquirir maior importância. A sua ação cresceu com o desenvolvimento económico das sociedades industriais ao longo de todo o século XX, embora com maior importância na segunda metade do século. Com efeito, foi a partir da década de 1970 que as previsões de crise no sistema começaram a revelar-se, nomeadamente através de mudanças ocorridas no mercado de trabalho e no acesso ao emprego, pois o desemprego e a precariedade no trabalho marcam criticamente estas décadas. A necessidade económica de eficácia e competitividade retomou o princípio de flexibilização do emprego, conceito que arrasta consigo a desqualificação dos menos aptos. Os trabalhadores mais velhos, pouco qualificados, encontram-se entre os candidatos ao desemprego e, frequentemente, o desemprego é de longa duração. Demasiado velhos para se qualificarem, mas muito novos para passarem à reforma, os trabalhadores são confrontados com situações de compromisso mas detêm poucos recursos e frágeis condições de negociação.

A reforma pode ser considerada como um acontecimento na vida dos indivíduos porque corresponde ao momento de interrupção da carreira no mercado de trabalho formal. É igualmente, e sobretudo, uma instituição social que assegura uma pensão a todos os que garantem as condições de idade e comparticipação no sistema. Visto que o crescimento da longevidade veio conferir um carácter durável e inevitável da última etapa da vida, que o desenvolvimento dos sistemas de pensões se fez a partir do critério da idade cronológica e que a cidadania e o trabalho são interdependentes nas sociedades modernas democráticas fundadas na produtividade, trair o princípio de justiça distributiva pode engendrar tensões entre quotizantes e beneficiários, a bem dizer, entre quem paga e quem recebe, entre ativos e inativos, e mesmo entre as gerações.

A reforma, dissociada definitivamente da velhice, perdeu o seu sentido inicial, comprometendo a legitimidade para a qual foi criada. Num sistema baseado na repartição, como é o nosso, as transferências fazem-se entre gerações, a partir de um contrato social baseado na universalidade de direitos, justiça e equidade social, assente nas transferências dos atuais trabalhadores para os atuais reformados.

O contrato social, fundamentado no princípio da solidariedade, está assim comprometido no que respeita às pensões de reforma. A subversão dos pressupostos que legitimaram a criação das primeiras pensões de velhice exige repensar em profundidade toda a problemática.

6. Longevidade crescente e reforma prematura

As sociedades modernas contemporâneas caracterizam-se por transformações das relações de trabalho e das várias dimensões do trabalho em si mesmo. Richard Sennet, em *The Corrosion of Character. The Personal Consequences of Work in the New Capitalism* (1998), mostra-nos as dimensões humanas da adaptação ao que se chama «capitalismo flexível». Para o autor, a instabilidade das organizações impõe aos seus funcionários e trabalhadores a necessidade de «replantar» o seu trabalho, isto é, procurar constantemente um novo trabalho, correndo riscos numa procura interminável de viver melhor. Para Sennet, este desafio, que consiste em encontrar um outro trabalho, «domestica o heroísmo do risco», tornando-se uma situação normal e habitual.

Segundo Guillemard (2003), a complexidade deste problema ganha uma maior importância na segunda metade da carreira. Ao longo da última década do século XX, os trabalhadores assalariados confrontaram-se com vulnerabilidades e incertezas relativamente aos seus postos de trabalho. A «idade do emprego» está em transformação devido ao aumento da idade média dos trabalhadores e ao significado social que é atribuído às várias etapas da vida (as idades da vida) do ponto de vista institucional. A interação que se tem vindo a configurar entre empresas no mercado de trabalho, instituições do sistema de proteção social e os trabalhadores ao longo das idades tem levado a transformações significativas e, de certa forma, incontroláveis.

O movimento de antecipação de passagem à reforma, que decorreu na maioria dos países europeus na década de 1990, requer uma reflexão aprofundada sobre as instituições e os dispositivos de proteção social que gerem as fronteiras que separam a atividade da inatividade e a passagem à reforma. O limite de idade fixado aproximadamente nos 65 anos foi convencionado, desde a instauração das pensões, como a idade que permite aceder a uma pensão de reforma. Ao invés do que teria sido previsível com o aumento da longevidade, este limite pouco progrediu. Na realidade, a idade média de passagem à reforma baixou devido à crescente vulnerabilidade dos trabalhadores no final de carreira. O desemprego dos trabalhadores mais velhos e as dificuldades em encontrar novo emprego levaram à descida efetiva da idade de passagem à reforma durante um período longo. Esta tendência constituiu uma das situações paradoxais na sociedade contemporânea, tendo vindo a contribuir para o crescente distanciamento entre a idade da reforma e a idade da velhice.

A reorganização dos tempos de trabalho e não-trabalho ao longo da trajetória de vida, veio acentuar o desordenamento dos ciclos de vida. Lazer e tempos livres, emprego e desemprego, reforma e velhice são conceitos expostos a profundas alterações que nos levam a reconsiderar a matriz dos valores com base nos quais foram construídos. A cessação de atividade aos 50 ou 55 anos, pela sua ocorrência demasiado precoce, induziu os reformados ainda jovens a situações psicológicas e sociais de grande ambiguidade. Sem que se tenham ainda consciencializado para tal, deparam com o facto de se encontrarem numa espécie de limbo, do qual não conseguem retroceder ou sair sem ser para a fase imediata do ciclo de vida, a reforma.

Segundo Gaullier (1999: 70), trata-se de uma crise das identidades social e profissional, vivida por três categorias de indivíduos que integram este período de transição: os assalariados em fim de carreira, mas que ainda exercem atividade, os indivíduos em cessação antecipada de atividade e os jovens reformados. A carreira deixou de ser contínua e a circunstância, precoce e forçada, de saída da vida ativa tem fomentado perturbações no que toca às representações sociais das carreiras profissionais, da velhice e da reforma e também das etapas do ciclo de vida.

O crescimento da longevidade e a antecipação da saída definitiva de atividade concorrem também para comprometer a legitimidade da reforma perante a velhice. A vida de trabalho foi encurtada e, portanto, as saídas do mercado de trabalho, antes da idade convencional de passagem à reforma, aumentaram de volume na maioria dos países europeus, ainda que agora tenham voltado a baixar. Esta tendência, associada a um adiamento da entrada dos jovens no mercado de trabalho, dá forma ao que poderemos designar por processo de «desinstitucionalização do percurso de vida ternário» (Guillemard, 2003). O crescimento contínuo da longevidade reforça assim as indefinições do ciclo de vida ternário, relativamente padronizado, que conhecemos.

Durante as últimas décadas, a esperança de vida, atingida a idade de 65 anos, foi sempre crescendo (Figura nº 5). Os maiores aumentos registaram-se a partir da década de 1970 com uma vantagem significativa do lado feminino. Em 2010, uma mulher que tivesse festejado os seus 65 anos ainda esperava poder viver mais 21. Neste quadro, como deve ser encarada a passagem à reforma? Como poderemos prosseguir num modelo em que somos pagos ao longo de tanto tempo pelos descontos efetuados pelas gerações mais jovens que estão a trabalhar? Como adequar este sistema às características estruturais da sociedade contemporânea? Esta problemática leva-nos às questões centrais nas sociedades capitalistas e essenciais para a fundamentação das pensões de reforma: o trabalho, os rendimentos do trabalho e o salário. A discussão tem-se alargado para a relação dicotómica trabalho/não-trabalho ou emprego/desemprego. O aumento persistente das taxas de desemprego e a incapacidade de as controlar prometem futuros cenários alarmantes para a viabilidade da proteção social de um modo geral.

Fig. nº 5: Evolução da esperança de vida aos 65 anos, em Portugal (1940-2010)

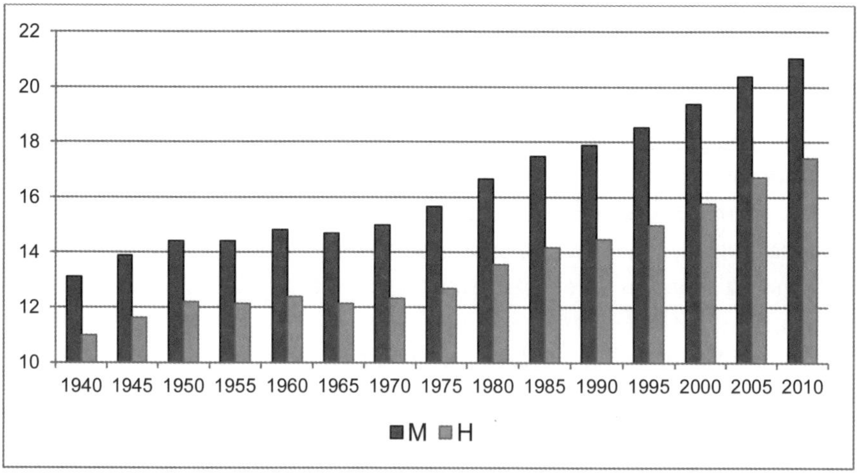

Fonte: *Human Mortality Database.*

A avaliação do desemprego, a partir do cálculo de taxas, encobre algumas disparidades que se verificam no interior da categoria «desempregado», em que as mulheres, os jovens e os trabalhadores mais velhos são os grupos mais representados. É nestes últimos que a situação de desemprego de longa duração produz algumas consequências que se repercutem na definição das idades e dos ciclos de vida familiares. O indicador mais utilizado para avaliar a relação da atividade com a inatividade é a taxa de atividade masculina na categoria etária 55-64 anos, a categoria etária que antecede a idade convencional de passagem a reforma.

Na UE, entre 2003 e 2014, as taxas de atividade dos homens de 55-64 anos aumentaram praticamente em todos os países, sendo a média europeia representativa desta tendência ao passar de 39,9 para 51,8 (Tabela nº 1). A variabilidade de situações traduz diferentes condições económicas e de mercado de trabalho no espaço europeu. Portugal, tal como a Grécia, apresentam uma evolução contrária à verificada para a média europeia. As taxas de emprego dos trabalhadores de 55-64 anos diminuíram sempre ao longo do período observado.

Tabela nº 1: Evolução das taxas de emprego dos trabalhadores de 55-64 anos, em Portugal, na UE-28 e em países selecionados (2003–2014)

	2003	2004	2005	2006	2007	2008	2009	2010	2011	2012	2013	2014
UE - 28	39,9	40,6	42,2	43,3	44,5	45,5	45,9	46,2	47,2	48,7	50,1	51,8
Alemanha	39,9	41,8	45,5	48,1	51,3	53,7	56,1	57,7	60,0	61,6	63,6	65,6
Grécia	41,8	39,9	42,0	42,5	42,7	43,0	42,4	42,4	39,5	36,5	35,6	34,0
Espanha	40,9	41,2	43,1	44,1	44,5	45,5	44,0	43,5	44,5	43,9	43,2	44,3
França	37,0	37,8	38,5	38,1	38,2	38,2	38,9	39,7	41,4	44,5	45,6	47,0
Itália	30,3	30,5	31,4	32,4	33,7	34,3	35,6	36,5	37,8	40,3	42,7	46,2
Portugal	51,7	50,2	50,4	50,1	51,0	50,7	49,7	49,5	47,8	46,5	46,9	47,8
Suécia	68,6	69,1	69,4	69,6	70,0	70,1	70,0	70,4	72,0	73,0	73,6	74,0

Fonte: Eurostat.

Podemos ainda observar que são muito baixas as proporções dos que se encontram em atividade, apesar de, em 2014, as taxas de emprego serem superiores às observadas em 2003, na maioria dos países. Com exceção da Suécia e da Alemanha, mais de metade dos trabalhadores não está a trabalhar, podendo já ter passado à reforma ou estar no desemprego.

Em Portugal, a conjuntura económica e política dos primeiros anos da segunda década do século tem sido particularmente crítica em certos setores da indústria e do setor terciário. A crise económica e financeira teve, e continua a ter, impacto nas empresas e nos serviços com consequências para o emprego dos trabalhadores menos aptos, como são os trabalhadores mais velhos. Até 2009, início da crise, os desempregados de longa duração eram candidatos à reforma antecipada, uma vez que um desempregado, homem ou mulher com mais de 55 anos, dificilmente voltaria a encontrar emprego. Passar à situação de reformado, em vez de desempregado, parece ter sido a solução para grande parte dos que se encontravam na situação de impasse de não conseguirem emprego e não reunirem as condições para passar à reforma (Figura nº 6). A partir de 2010, com as alterações legislativas implementadas, relativamente à idade de passagem à reforma, diminuiu significativamente a proporção de reformados nas idades 55-64 anos.

Fig. nº 6: Evolução da proporção de reformados no grupo etário 55-64 anos, em Portugal (2005-2014)

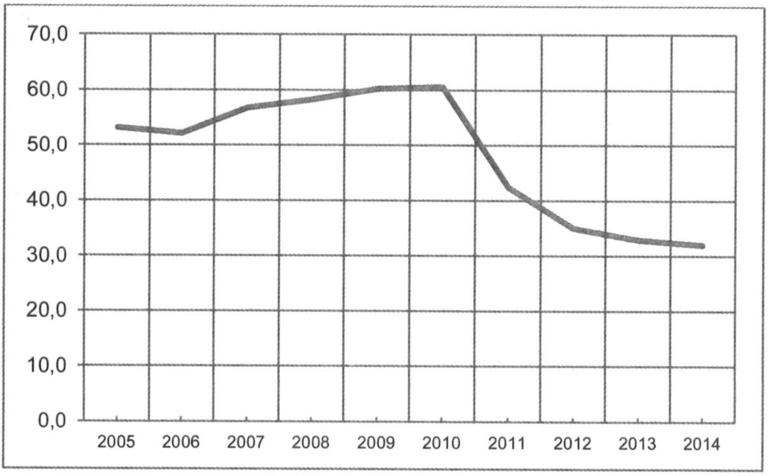

Fonte: Eurostat.

O emprego/desemprego, enquanto relação dialética, contém em si uma certa ambiguidade, como já referimos. A sua aplicação requer a definição de indicadores construídos para medir a intensidade de um por oposição ao outro. Do mesmo modo, avaliar a situação em relação ao emprego dos indivíduos acima de um certo escalão etário configura-se uma tarefa votada ao fracasso nas circunstâncias atuais, pois as atitudes perante o emprego e o trabalho em geral variam, também, consoante as conjunturas. Os desempregados, trabalhadores sem emprego à procura de um posto de trabalho, e os inativos, trabalhadores sem emprego que não procuram um posto de trabalho, não se comportam de forma muito diferente. Mas à medida que se intensifica a criação de emprego também aumenta o número de pessoas inativas que se integram no mercado de trabalho. O indicador mais adequado para avaliar a relação entre atividade e inatividade deverá ser a proporção da população, em idade de trabalhar, que ocupa um posto de trabalho.

No espaço europeu, a variabilidade de situações quanto à reforma fica explícita na Figura nº 7, onde apresentamos um gráfico de barras que compara os países da UE a partir das proporções de reformados na categoria 55-64 anos, em 2014. Como podemos observar neste plano comparado, Portugal ocupa uma posição quase extrema, visto apresentar uma baixa proporção de reformados neste escalão etário que corresponde à fase do ciclo de vida que antecede a idade legal de passagem à reforma. Esta situação pode ser atribuída à legislação que levou à contenção da transição precoce para a reforma, como referimos.

Fig. nº 7: Proporção de homens reformados nas idades 55-64 anos, na UE (2014)

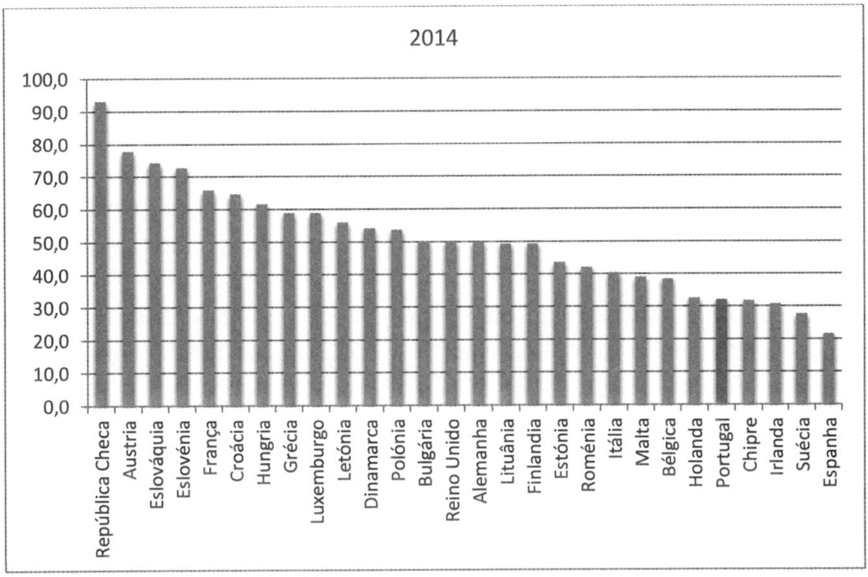

Fonte: Eurostat.

A precariedade do emprego e a escassez de trabalho têm sido objeto de debate e discussão política e científica, especialmente onde os prognósticos relativos às sociedades do futuro oscilam entre um otimismo sustentado no milagre das novas tecnologias e o receio perante o crescente liberalismo económico.[6] Com a revolução tecnológica, os recursos humanos têm sido substituídos por máquinas inteligentes, versáteis e flexíveis, acessíveis ao indivíduo e às empresas, que criam as condições para um aumento da produtividade a baixo custo. As estratégias governamentais vão no sentido da promoção de políticas ativas de emprego. Trata-se de políticas do mercado de trabalho que visam reorganizá-lo para reintegrar o mais rapidamente possível os desempregados através de dispositivos públicos de formação, incentivos para voltar a encontrar emprego, subvenções e formação específica, ainda que por vezes se trate de reconverter totalmente o trabalhador. Isto permite aos desempregados, particularmente aos mais velhos, evitar degradar as suas competências e encontrar emprego o mais depressa possível (Méda, 1998).

O aumento de tempo na situação de reformado, enquanto período da vida em que se institucionalizou o «não-trabalho», adequa-se aos prognósticos dos que anunciam o fim do trabalho (Rifkin, 1997). Nas sociedades do futuro, após a terceira revolução industrial, a escassez de emprego conduzirá a situações de repartição de horas de trabalho e, por consequência, fracas remunerações e aumento de tempo livre, ou seja, de tempo libertado do trabalho. Esta previsão relativa à organização dos tempos da vida, que poderemos exprimir na frase «um pouco de alimentação e muito de diversão» (Schnapper, 1999), é francamente compatível com o alargamento do tempo de reforma. Para já, este aumento do tempo de inatividade tem a garantia de uma pensão de reforma, por vezes escassa, outras vezes excedentária, mas igualmente partilhada a partir de pressupostos comuns baseados em tempo de trabalho acumulado no passado.

Esta oposição, típica entre duas representações sociais de reforma, tem homologia no campo das políticas sociais e das políticas de emprego. Por um lado, a velhice propriamente dita, com o seu rol de problemas, tem conseguido monopolizar as atenções e os meios disponíveis das políticas sociais, com algumas raras exceções. Por outro lado, a reforma tem sido um mecanismo de recurso das empresas para reduzir os encargos com os seus recursos humanos, ou simplesmente para os renovar. A escolha de prolongar a vida profissional fica assim amputada, mas confortada com um pequeno prémio financeiro. Velhice e reforma dissociaram-se e passaram a representar duas dimensões da realidade; duas realidades homólogas, mas distintas.

Fica assim em aberto um conjunto de problemas sobre os quais um debate mais profundo conduzirá, entre outros aspetos, ao significado da dicotomia trabalho/não trabalho – contradição essencial no processo explicativo e legitimador do direito a uma pensão de reforma. A separação entre o conceito de velhice e o conceito de reforma suscita profundas interrogações, levando-nos a reconstituir os processos históricos e políticos que proporcionaram as condições para a construção social do valor do trabalho e da legitimidade do não-trabalho, do ócio, do lazer.

7. Mulheres, trajetórias de vida e reforma

Uma análise crítica da instituição «reforma» convoca uma leitura de género que deverá incidir sobre as trajetórias de vida, as relações familiares, o trabalho e o direito a uma pensão de reforma, no quadro da longevidade crescente e diferencial da população portuguesa. O enfoque neste debate deve ser sobre género e não sobre sexo, ou seja, sobre a forma como os papéis de homens e de mulheres são percebidos na sociedade e como a relação entre homens e mulheres é concebida. Na verdade, grande parte das diferenças entre homens e mulheres não pode ser contabilizada por motivos biológicos e é o género que enquadra uma série de aspetos sociais da vida de todos os dias.

O estatuto social e económico das mulheres, comparado com o dos homens, tem vindo a melhorar, tal como têm beneficiado de maior equidade. Ainda assim, apesar desta evolução ao longo do tempo, o *status* socioeconómico das mulheres continua a ser inferior ao dos homens. No entanto, os níveis de escolaridade femininos têm convergido relativamente aos masculinos. Certas mudanças verificadas no emprego, tal como na educação, foram acompanhadas por mudanças na família e na conjugalidade: por exemplo, têm vindo a esbater-se as diferenças de género no tempo gasto em tarefas domésticas; as taxas de casamento têm diminuído, ao contrário das de divórcio, que têm aumentado; existem mais mulheres a viver numa casa sem outro adulto; o número de filhos por mulher também diminuiu – muitas ou simplesmente não chegam a ter filhos ou atrasam o nascimento do primeiro filho. Portanto, a divisão doméstica do trabalho adequou-se às alterações na vida das mulheres que optaram por um emprego remunerado. Mas apesar de todas estas mudanças no papel e posição das mulheres em relação aos homens, verifica-se uma grande variabilidade social (Fernandes *et al.*, 2009).

O enfoque no género procura enfatizar as particularidades femininas em oposição às masculinas e, ao fazê-lo, coloca em evidência diferenças que decorrem de desigualdades nas condições sociais ao longo das trajetórias de vida. Homens e mulheres diferem em esperança de vida e condição de saúde ao longo do curso da vida. Há disparidades consideráveis entre a saúde e a capacidade de sobrevivência entre os sexos: os homens são fisicamente mais fortes e sofrem menos de doenças, mas, em comparação com as mulheres, apresentam taxas de mortalidade mais elevadas em todas as idades, o que se traduz em menor esperança de vida à nascença para o sexo masculino. Este é considerado um paradoxo na saúde e sobrevivência no que respeita à relação masculino/feminino. As mulheres vivem mais tempo do que os homens mas com maiores dificuldades, não só em saúde mas também ao nível das suas condições materiais.

No último recenseamento da população portuguesa, encontramos 19,1% de pessoas com 65+ anos, das quais 21,5% são mulheres e 16,8% são homens (INE, 2011). Na mesma data, a esperança de vida feminina, à nascença, era de 83 anos e a masculina de 76 anos. Nos homens, esta esperança de vida à nascença é inferior à média europeia e é o valor mais baixo registado para o conjunto dos 15 países europeus com maior longevidade. A baixa esperança de vida masculina, no contexto europeu, pode ser atribuída à elevada mortalidade prematura desta população, relacionada com comportamentos de risco não salutares. A partir desta regularidade no comportamento de género em relação à mortalidade podemos afirmar que, na conjugalidade, os homens envelhecem tendencialmente acompanhados e as mulheres envelhecem tendencialmente sós (Delbès *et al.*, 2006). A vantagem feminina na sobrevivência poderá transformar-se em desvantagem nas situações em que se verificam problemas de saúde, especialmente incapacitantes, baixos recursos, isolamento e solidão.

O perfil de sobrevivência, mais vantajoso para as mulheres, poderá ser explicado por fatores biológicos, além dos sociais e comportamentais. Do ponto de vista biológico, há evidência de que as mulheres beneficiam de alguma proteção contra a mortalidade. Os estudos sugerem que os estrogénios ajudam a proteger as mulheres contra doenças cardíacas, através da redução dos níveis circulatórios de colesterol nocivo. Do ponto de vista genético, as mulheres parecem ter vantagens quanto ao sexo masculino devido à presença de dois cromossomas X, em vez da dupla XY. Apesar de alguma evidência, os fatores biológicos por si só não explicam as diferenças na mortalidade, especialmente porque esta relação difere significativamente ao longo do tempo e em diferentes culturas. Os estudos mais recentes têm-se concentrado nos fatores sociais e comportamentais na tentativa de encontrar explicações para as disparidades observadas na esperança de vida (Perrig-Chiello *et al.*, 2010).

As condutas de género na prevenção de riscos desempenham um importante fator explicativo da maior esperança de vida das mulheres. Tipicamente, o comportamento feminino é evitar comportamentos de alto risco. Pelo contrário, os homens expõem-se mais a ambientes mais agressivos, seja qual for o enquadramento em que se movem, e utilizam, em geral, estratégias e práticas de maior belicosidade para superar os obstáculos, acarretando riscos acrescidos (estão mais expostos a conflitos, guerras e mesmo suicídio). Estes padrões de comportamento podem ser observados na infância e continuam ao longo da vida. Em geral, as mulheres evitam drogas duras, bebidas alcoólicas, tabaco e comportamentos sexuais de risco. Em contrapartida, os homens dormem em média menos horas por noite, tendem a não respeitar os horários de refeições, e têm maiores probabilidades de ter excesso de peso e uma dieta menos variada, estando também menos informados sobre o impacto da nutrição na saúde (Fernandes, 2014).

Ao longo da trajetória de vida, as diferenças sociais (origem social, escolaridade) e as aspirações pessoais que orientam as opções das mulheres em assuntos como constituição de família, maternidade e carreira profissional são determinantes para explicar as diferenças entre homens e mulheres na fase final do ciclo de vida. Sem incorrer numa lógica de pensamento determinístico, podemos afirmar que o envelhecimento representa descapitalização, perda e desvalorização de competências – retroceder e recuperar torna-se, na maior parte das vezes, tarefa impossível. Portanto, no que respeita ao direito a uma pensão de reforma, devemos incluir a trajetória de trabalho, que deverá ser completa, sem interrupções. Quanto ao nível da pensão, é necessário que as mulheres apostem numa carreira profissional nem sempre compatível com as opções familiares feitas em concorrência com as exigências profissionais. Não esqueçamos que os salários femininos são, em média, inferiores aos masculinos, mesmo em circunstâncias de trabalho idênticas, especialmente no setor privado.

Uma análise estatística relativa à população portuguesa com 50+ anos, baseada nos dados do Inquérito Nacional de Saúde (INS, 2005/06),[7] permite constatar diferenças entre homens e mulheres. As variáveis de caracterização social desta população, a caminho da última fase do ciclo de vida, indicam significativas desvantagens para as mulheres. A variável do capital escolar reflete, nesta população acima dos 50 anos, a estrutura da população em geral: 80,2% da amostra tem menos de cinco anos completos de escolaridade e, destes, 83,4% são mulheres. Estes resultados estão de acordo com os alcançados noutros inquéritos nacionais, isto é, são as mulheres mais velhas quem possui menores níveis de escolaridade. No que respeita à variável dos recursos materiais, são os homens quem, em maior proporção, evidenciam ter maiores rendimentos, verificando-se o oposto para as mulheres, cujos agregados apresentam os rendimentos brutos mensais mais baixos.

A fase final do percurso biográfico de cada um condensa os acontecimentos de vida e as eventualidades que estruturam a forma como decorreu o ciclo de vida. A condição feminina ao longo do ciclo de vida e as opções que as mulheres devem fazer, quanto à maternidade e à carreira profissional, condicionam a sua posição na trajetória de trabalho e na possibilidade de capitalizar, com salários mais altos, uma pensão de reforma também mais alta e satisfatória para as exigências da última fase de um ciclo de vida que é agora mais longo.

8. Porque é necessário promover maior equidade intergeracional

Encerramos este capítulo com a convicção de que o contrato social que fundamentou a construção dos sistemas de reforma deve ser repensado perante a evolução recente das sociedades modernas contemporâneas. E retomamos as questões que colocámos na introdução: deverá a proteção social ser um direito universal, assegurando ao conjunto de todos os cidadãos de uma sociedade uma cobertura social geral, isto é, uma segurança social no verdadeiro sentido da palavra? Ou a proteção social deve contemplar apenas os grupos e os indivíduos que enfrentam dificuldades específicas, o que levaria a que se colocasse na posição de apenas proteger os mais desprotegidos colaborando na sua integração social? (Castel, 2003).

Segundo Mendes (2011), a segurança social é orientada para todas as gerações e deve proteger qualquer idade de cada indivíduo. Deve fazê-lo de forma adequada, deve ser sustentável não pondo em risco as oportunidades das gerações futuras e «pressupõe uma distribuição de recursos e rendimentos favorável às oportunidades de vida digna e de realização pessoal para todas elas» (2011: 105). Os sistemas de pensões de reforma devem enquadrar-se nestes pressupostos da segurança social. Porém, na sociedade portuguesa, a evolução dos sistemas de pensões, no enquadramento geral de desenvolvimento de uma segurança social abrangente e universal, evidencia um certo esbatimento dos pressupostos com base nos quais foram criados.

Consideramos que é legítimo poder afirmar que não é só o sistema de pensões que está comprometido com a insustentabilidade financeira. A evolução política e económica dos últimos anos tem vindo a colocar na linha vermelha a continuidade do próprio Estado Social. Como foi largamente evidenciado ao longo desta argumentação, as razões fundam-se em transformações demográficas, sociais e económicas por que têm passado as sociais-democracias contemporâneas, como a maioria das sociedades europeias que integram a UE e, nesse contexto, a sociedade portuguesa. Os argumentos vão ao ponto de considerar a existência de uma certa incompatibilidade entre a eficiência nos modos de funcionamento da economia, nos nossos dias, e a aplicação dos princípios de justiça e equidade sociais nos quais se fundam os sistemas de segurança social.

Quanto ao sistema de pensões, podemos afirmar que os princípios em que assentou a sua constituição têm sido, de uma ou outra forma, pervertidos num sistema que resultou da reestruturação dos vários regimes contributivos de Previdência Social, existentes até à Constituição de 1976. Esta espécie de metamorfose – da Previdência Social para a Segurança Social – foi condicionada, no seu desenvolvimento, pelo constrangimento de uma grande diversidade de estruturas organizativas e de benefícios, onde faltava, entre outros, o princípio básico da universalidade. O amadurecimento do nosso sistema de reformas evidencia desequilíbrios sociais resultantes de distorções estruturais. Os princípios de justiça e equidade sociais requerem a redução dos desequilíbrios no espectro dos valores das pensões de reforma, com o risco de se vir a comprometer a legitimidade da aplicação do sistema que tende a acentuar os já grandes enviesamentos. A consciência relativa, perante o desequilíbrio e ausência de equidade, assenta em critérios de justiça e de direitos sustentados numa frágil consistência argumentativa e reivindicativa.

Os princípios em que se funda o sistema de reformas exigem uma reflexão de âmbito filosófico, sócio-antropológico e político. Verdadeiramente, funda-se na relação com o trabalho, mais precisamente com a remuneração salarial – uma relação que é diferencial. Em primeiro lugar, porque quanto mais a atividade profissional está na base de afirmação de uma identidade social forte, maiores são as probabilidades de, através dela, se obterem rendimentos elevados, poder e prestígio social. Neste caso, a reforma não representa, à partida, uma aspiração, sendo vulgarmente conotada com a velhice. Em contrapartida, as atividades profissionais conotadas com rotina, horários inflexíveis e remunerações baixas representam, para os trabalhadores, um empobrecimento das potencialidades da vida. A reforma surge como o momento da libertação, o momento da concretização das aspirações adiadas e de poder realizá-las usufruindo de um salário sem trabalhar.

A estrutura do sistema irá refletir desigualdades existentes ao nível salarial e acentuar as iniquidades registadas ao longo da trajetória de vida ativa. A integração obrigatória no sistema não permite uma participação mais consciente da relação custo/benefício, ou seja, quotizamo-nos com base na margem de obrigatoriedade que nos é imposta sem a possibilidade de ter maior conhecimento sobre o que tal representará no futuro. E quanto mais jovem se é mais difícil se torna esta avaliação e projeção no futuro, tendencialmente incerto pelos temores construídos a propósito do malogro do sistema diante das tendências recentes de envelhecimento das estruturas.

No contexto europeu (Figura nº 8), Portugal ocupa o segundo lugar na desigualdade de rendimentos na velhice. É o reflexo do padrão salarial altamente desigual que se pratica e se acentuou ao longo dos últimos anos. As desigualdades nos níveis de pensões comprometem os princípios de equidade e justiça social.

Fig. nº 8: Desigualdade no rendimento para a população 65+ (EU25, 2013)

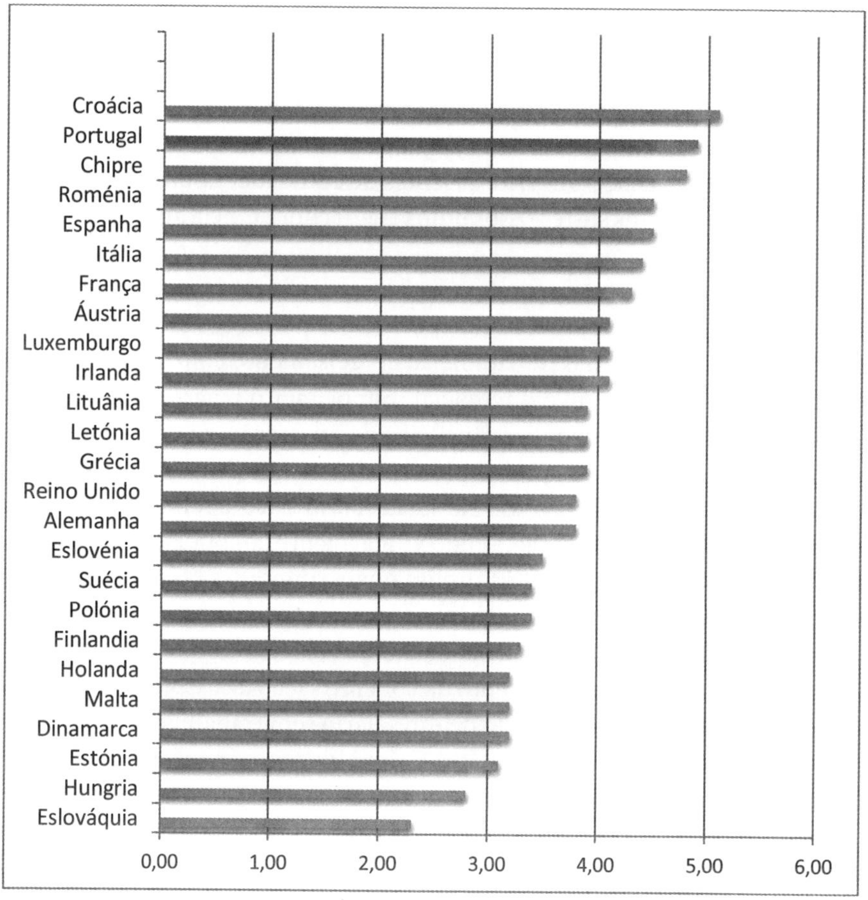

Fonte: Eurostat.

Indicador de desigualdade para a população idosa: rácio calculado a partir do valor total do rendimento recebido por 20% dos que têm o rendimento mais alto sobre o total do rendimento recebido por 20% dos que têm o rendimento mais baixo.

A confiança no sistema é essencial para que ele funcione. As gerações mais novas debatem-se já com esta constatação: será que vamos chegar a receber pensão de reforma? Será que vale a pena descontar para no final receber quase nada?

A renovação do sistema tem sido orientada por objetivos imediatos, isto é, com impactos a curto prazo. Algumas das soluções adotadas pretendem travar o processo de transição para a reforma de modo que seja aumentada a idade média dos reformados através, entre outras, de medidas como o aumento da idade legal de passagem à reforma. São essencialmente medidas técnicas, que procuram soluções para um sistema tal como está organizado e fundamentado. Mantém-se, portanto, a filosofia original, sem haver debate sobre como reestruturar o sistema, tendo em conta os constrangimentos atuais e futuros.

Um dos aspetos mais discutidos e apresentados como solução para o problema tem sido o frequentemente designado «plafonamento» das pensões de reforma. Esta alternativa consiste em criar um limite máximo salarial sobre o qual recaem as quotizações para o sistema, que seriam obrigatórias e se traduziriam num limite máximo do valor da pensão de reforma. Aos trabalhadores dava-se, desta forma, a possibilidade de completar a sua pensão com o recurso a dispositivos como os planos de poupança reforma, já existentes e assentes em capitalização. Esta solução iria contribuir para abrir a gestão das pensões de reforma ao mercado, encarregando-se as organizações financeiras, por essa via, de gerir fundos de capitalização, com todos os riscos financeiros inerentes.

Retomemos o problema, tal com o formulámos no início deste último ponto: como é que nas sociedades contemporâneas poderemos viabilizar uma proteção social na velhice, assente em pressupostos de equidade intergeracional? Por outras palavras, como podemos manter o atual sistema de pensões, assente na repartição, sem comprometer as expectativas, quanto à reforma, das novas gerações que pagam as atuais pensões de reforma?

Esping-Andersen (1998) conceptualiza a crise dos estados-providência com origem em três fatores exógenos: a globalização financeira, as alterações demográficas e as mudanças no contexto da família.

O primeiro impacto, a globalização financeira, produz efeitos no âmbito das economias nacionais, nem sempre prejudiciais para o funcionamento do Estado. Os estados-providência mais evoluídos (como o nórdico, nos países escandinavos) desenvolveram-se nas economias mais abertas da Europa, levando a um efeito de causalidade que faz supor que as economias pequenas e abertas adotaram estados-providência fortes como meio de se adaptarem às forças globais que estão além do seu controlo.

O segundo aspeto considerado diz respeito à demografia. Não é também novidade o facto de ter aumentado o número de reformados e ter diminuído o número dos ativos que se quotizam para o sistema. É o rácio entre contribuintes e beneficiários que sofre deterioração rápida. O crescimento das proporções de idosos (65+) é acompanhado pela redução relativa dos ativos (15-64) e pela queda da natalidade. Acresce a tudo isto que: (i) os indivíduos muito idosos estão mais expostos a riscos associados a diminuição da funcionalidade ou mesmo incapacidade, (ii) existe um atraso dos mais jovens na entrada do mercado de trabalho com consequências individuais e coletivas, e (iii) as baixas taxas de emprego concorrem para o agravamento da situação financeira e sustentabilidade dos sistemas de proteção social. A solução não passa pelo simples aumento das taxas de fecundidade porque a tendência das políticas económicas reside na redução drástica da mão de obra, facilitada pelas transformações tecnológicas dos últimos anos.

O terceiro aspeto diz respeito às mudanças familiares, particularmente à revolução que ocorreu no papel das mulheres e do seu lugar na sociedade. Segundo Esping-Andersen (2008), operou-se o que designa por uma espécie de «masculinização» das suas opções ao longo do seu percurso de vida, em especial as opções escolares e profissionais, que concorrem com as posições tradicionais da mulher no espaço privado das relações na vida familiar. Esta transformação da posição da mulher tem ocorrido de forma diferencial nas sociedades europeias. Diferenças salariais, conceitos e valores de família e políticas de suporte familiar geram configurações variadas com implicações na natalidade.

A crise estrutural que afeta os estados sociais evidencia maior gravidade nos países da Europa meridional. Os problemas agudizam-se porque novos desafios (desemprego prolongado, reformas antecipadas, exclusão social generalizada) vêm juntar-se aos problemas sentidos pelos países que detêm sistemas de proteção social mais antigos.

Segundo Ferrera (2000), as razões «são essencialmente geo-evolucionistas. Em Espanha, em Portugal, na Grécia e (em menor medida) na Itália, o Estado Social desenvolveu-se mais tardiamente e teve de enfrentar meios socioeconómicos mais problemáticos – incluindo o profundo atraso dos povos do Sul. Nestes quatro países a proteção social entrou assim numa era de permanente austeridade, num estado de subdesenvolvimento institucional e financeiro sobrecarregado por desequilíbrios internos, tanto de carácter categórico como territorial» (2000: 457). O grande desafio dos países do sul da Europa será, para o mesmo autor, uma desvinculação dos caminhos seguidos pelos países continentais em geral. Uma estratégia mais viável deveria contemplar a promoção de uma nova combinação social orientada para a família, em paralelo com reformas do mercado de trabalho orientadas para a flexibilização das entradas e saídas do emprego e dos salários, de modo a facilitar a mobilidade e a reabsorção de desempregados.

Este debate tem sido fortemente incentivado num quadro de mundialização crescente das nossas sociedades. O mundo torna-se um e a economia salta as fronteiras políticas dos estados nacionais. A globalização económica e monetária transporta instabilidade no âmbito do emprego, do papel do Estado na economia e na sociedade e do próprio modelo de segurança social. Ignora quaisquer princípios que nela se não enquadrem, como são os princípios de justiça e de equidade social. Basicamente, o mercado é bom e as intervenções do Estado são más.

As reformas dos sistemas de segurança social são apanhadas nesta linha de fogo. Recuar para salvar o sistema tem sido a solução mais seguida. Mas diminuir a proteção social por parte do Estado poderá significar, para alguns dos seus críticos, abrir caminho para o neoliberalismo. Deixar os indivíduos entregues ao mercado perante os riscos da existência é criar novos riscos, promovendo dessa forma um certo recuo civilizacional.

Na introdução de *Segurança Social: o Futuro Hipotecado* (2011), Fernando Ribeiro Mendes apela para «a necessidade incontornável de construir uma sólida fundamentação ética racional para a preservação da segurança social» (2011: 11). E prossegue: «Sustentabilidade e adequação pressupõem um olhar longitudinal sobre o futuro, na perspectiva da justiça social entre gerações, atento ao evoluir do ciclo de vida individual e à sobreposição de fases diversas do ciclo vital de processos pertencentes a gerações diferentes» (Mendes, 2011: 49). A relação entre as gerações, vivida nos quotidianos entre pais e filhos ou entre os colegas no trabalho, apela aos pressupostos inerentes à justiça entre gerações. O(s) património(s) a deixar aos filhos ou a herdar dos pais, os rendimentos das pensões para os que partem e os rendimentos do trabalho para os que ficam são realidades concretas que materializam, na prática quotidiana, as relações intergeracionais. Até que ponto se tem constituído uma consciência coletiva fundada nos princípios da segurança social? Há, sem dúvida, interesses instalados e egoísmos geracionais. Como dinamizar uma consciência assente em pressupostos de justiça social entre gerações?

As pensões de reforma estão no âmago de toda esta problemática. O sentido subjetivamente atribuído à reforma, a dissociação desta com a velhice, o aumento de reformados, o alongamento da vida, o acréscimo de turbulência ao longo das biografias individuais e um limite relativamente fixo de acesso à reforma são alguns dos fatores de mudança que levam a sugerir que o que é necessário é «reformar a reforma» (Guillemard, 1999). Um tal empreendimento não deve, assim, ser dissociado de uma reflexão mais profunda em torno do trabalho, do emprego e das metamorfoses do ciclo de vida.

Não será demais afirmar que receber mais do que uma pensão de reforma perverte o sentido original do princípio de equidade social. Da mesma forma, ultrapassar certos limites põe em causa o pressuposto de um salário diferido no tempo cujo direito de usufruir deve ter em conta o tempo de quotização, a idade institucional de passagem à reforma e o nível de descontos realizados. As transferências efetuam-se tendo em conta princípios de equidade e justiça social. Para tal, o limite inferior não deveria estar abaixo do mínimo considerado necessário para a sobrevivência na velhice, tal como o limite superior não deveria ultrapassar um nível de razoabilidade pré-definido.

Deveria ser rejeitada a possibilidade de acumular uma pensão com os rendimentos do trabalho. Esta premissa funda-se no princípio que legitima a existência da pensão de reforma e que é a substituição do salário, dos rendimentos do trabalho. É também necessário considerar que uma pensão mínima deve ser calculada de modo a garantir a dignidade de vida na velhice. Um contrato intergeracional, justo e equitativo, deve assegurar o bem-estar das pessoas idosas sem esgotar os recursos do sistema. Os descontos atuais devem ser a garantia futura de uma pensão. Todos devem descontar? E os salários muito baixos? Como justificar a amplitude entre o valor máximo e mínimo que encontramos nos valores das pensões? As diferenças que separam a pensão mínima da pensão máxima exprimem desigualdades que comprometem o princípio de equidade intergeracional que caracteriza a construção do sistema de segurança social assente na repartição. Na maior parte dos países com sistemas maduros de segurança social, os reformados têm boas condições de vida; as reformas são generosas porque a grande maioria usufruiu de carreiras contributivas longas e contínuas, e teve ainda a oportunidade de acumular bens e poupanças.

O itinerário percorrido permite afirmar que ainda estamos longe de equacionar medidas que possam minimizar os efeitos das transformações demográficas, sociais e económicas mais recentes. Enveredar pelos meandros desta problemática reforça os receios, as dúvidas e as inquietações de um futuro incerto, onde a capacidade de superar os riscos é ultrapassada pela ineficácia das soluções experimentadas. Conhecer melhor a complexidade dos processos sociais faz-nos temer a concretização das ameaças e criar energicamente a convicção de que é preciso, e é urgente, encontrar soluções eficazes para evitar uma eventual desordem do mundo.

* * *

CONSTITUIÇÃO DA REPÚBLICA PORTUGUESA

Artigo 63º
Segurança social e solidariedade

1. Todos têm direito à segurança social.

2. Incumbe ao Estado organizar, coordenar e subsidiar um sistema de segurança social unificado e descentralizado, com a participação das associações sindicais, de outras organizações representativas dos trabalhadores e de associações representativas dos demais beneficiários.

3. O sistema de segurança social protege os cidadãos na doença, velhice, invalidez, viuvez e orfandade, bem como no desemprego e em todas as outras situações de falta ou diminuição de meios de subsistência ou de capacidade para o trabalho.

4. Todo o tempo de trabalho contribui, nos termos da lei, para o cálculo das pensões de velhice e invalidez, independentemente do sector de atividade em que tiver sido prestado.

5. O Estado apoia e fiscaliza, nos termos da lei, a atividade e o funcionamento das instituições particulares de solidariedade social e de outras de reconhecido interesse público sem carácter lucrativo, com vista à prossecução de objetivos de solidariedade social consignados, nomeadamente, neste artigo, na alínea b) do nº 2 do artigo 67º, no artigo 69º, na alínea e) do nº 1 do artigo 70º e nos artigos 71º e 72º.

* * *

Princípios da Segurança Social

Princípio da universalidade: consiste no acesso a todas as pessoas à proteção social assegurada pelo sistema, nos termos definidos por lei.

Princípio da igualdade: consiste na não discriminação dos beneficiários, designadamente em razão do sexo e da nacionalidade, sem prejuízo, quanto a esta, de condições de residência e de reciprocidade.

Princípio da solidariedade: consiste na responsabilidade coletiva das pessoas entre si na realização das finalidades do sistema e envolve o concurso do Estado no seu financiamento, nos termos definidos pela Lei nº 4/2007, de 16 de janeiro.

Este princípio concretiza-se em 3 planos:

- Nacional, através da transferência de recursos entre os cidadãos, de forma a permitir a todos uma efetiva igualdade de oportunidades e a garantia de rendimentos sociais mínimos para os mais desfavorecidos;

- Laboral, através do funcionamento de mecanismos redistributivos no âmbito da proteção de base profissional;
- Intergeracional, através da combinação de métodos de financiamento em regime de repartição e de capitalização.

Princípio da equidade social: consiste no tratamento igual de situações iguais e no tratamento diferenciado de situações desiguais.

Princípio da diferenciação positiva: consiste na flexibilização e modulação das prestações em função dos rendimentos, das eventualidades sociais e de outros fatores, nomeadamente de natureza familiar, social, laboral e demográfica.

Princípio da subsidiariedade: assenta no reconhecimento do papel essencial das pessoas, das famílias e de outras instituições não públicas na prossecução dos objetivos da Segurança Social, designadamente no desenvolvimento da ação social.

Princípio da inserção social: caracteriza-se pela natureza ativa, preventiva e personalizada das ações desenvolvidas no âmbito do sistema, com vista a eliminar as causas de marginalização e exclusão social e a promover a dignificação humana.

Bibliografia

ATTIAS-DONFUT, Claudine (dir.), *Les solidarités entre générations. Vieillesse, familles, état*, Paris, Nathan, 1995.

BAUMAN, Zygmunt, *A Vida Fragmentada. Ensaios Sobre a Vida Pós-Moderna*, Lisboa, Relógio d'Água, 2007.

BECK, Ulrich; GIDDENS, Anthony; LASH, Scott, *Modernização Reflexiva. Política, Tradição e Estética no Mundo Moderno*, Oeiras, Celta, 2000.

BECK, Ulrich, *La société du risque. Sur la voie d'une autre modernité*, Paris, Aubier, 2001.

BECK, Ulrich, *Sociedade de Risco Mundial. Em Busca da Segurança Perdida*, Lisboa, Edições 70, 2015.

BOURDELAIS, Patrice, *L'âge de La Vieillesse*, Paris, Odile Jacob, 1993.

BURNAY, Rita; FERNANDES, Ana Alexandre, «Envelhecimento e saúde numa perspetiva de género. Uma análise da população portuguesa 50+ a partir do Inquérito Nacional de Saúde», *in* Conceição Nogueira, Sara Magalhães (orgs.), *Género e Saúde. Novas (In) Visibilidades*, Porto, Afrontamento, 2013.

CASTEL, Robert, *Les métamorphoses de la question sociale*, Paris, Fayard, 1995.

CICUREL, Michel, *La génération inoxydable*, Paris, Grasset & Fasquelle, col. Pluriel, 1989.

COHEN, Joel E., «Human Population: The Next Half Century», *Science*, vol. 302, Washington D.C., 2003, pp. 1172-1175.

DELBÈS Christiane; GAYMU Joëlle; SPRINGER Sabine, «Les femmes vieillissent seules, les hommes vieillissent à deux. Un bilan européen», *Population et Sociétés*, nº 419, Paris, 2006, pp. 1-4.

DUPÂQUIER, Jacques (dir.), *L'Espérance de vie sans incapacités. Faits et tendances, premières tentatives d'explication*, Paris, PUF, 1997.

DURANDAL, Jean-Philippe, *Le pouvoir gris. Sociologie des groupes de pression des retraités*, Paris, PUF, col. Le lien social, 2003.

ESPING-ANDERSEN, Gosta, *The Three Worlds of Welfare Capitalism*, Nova Jérsia, Princeton University Press, 1990.

ESPING-ANDERSEN, Gosta, «A sustentabilidade dos Estados-Providência no sec. XXI», *Sociedade e Trabalho Especial Segurança Social*, 1ª ed., Lisboa,1998.

ESPING_ANDERSEN, Gosta, «Um Estado-Providência para o século XXI», *in* Maria João Rodrigues (coord.), *Para uma Europa da Inovação e do Conhecimento*, Oeiras, Celta, 2000.

ESPING-ANDERSEN, Gosta, *Trois leçons sur l'État-providence*, Paris, Seuil, 2008.

FERNANDES, Ana Alexandra, *Velhice e Sociedade*, Oeiras, Celta, 1997.

FERNANDES, Ana Alexandra, *Questões Demográficas. Demografia e Sociologia da População*, Lisboa, Colibri, 2008.

FERNANDES, Ana Alexandra; PERELMAN, Julian; MATEUS, Céu, *Health And Healthcare In Portugal: Does Gender Matter?*, Lisboa, Instituto Nacional de Saúde Ricardo Jorge, 2009.

FERNANDES, Ana Alexandra, «Saúde, doença e (r)evolução demográfica», *in* António Fonseca (coord.), *Envelhecimento, Saúde e Doença. Novos Desafios Para a Prestação de Cuidados a Idosos*, Vila Franca de Xira, Coisas de Ler, 2014.

FERRERA, Maurizio, «A reconstrução do Estado social na Europa meridional», *Análise Social*, vol. XXXIV (151-152), Universidade de Lisboa, 1999, pp. 457-475.

FERRERA, Maurizio; HEMERJICK Anton; RHODES, Martin, *The Future of social Europe: Recasting work and welfare in the new economy*, Oeiras, Celta, 2000.

FONSECA, António Manuel, *Reforma e reformados*, Coimbra, Almedina, 2011.

FONSECA, António Manuel (coord.), *Envelhecimento, Saúde e Doença. Novos Desafios Para a Prestação de Cuidados a Idosos*, Vila Franca de Xira, Coisas de Ler, 2014.

GAULLIER, Xavier, *La deuxième carrière. Ages, emplois, retraites*, Paris, Seuil, 1988.

GAULLIER, Xavier, «La mutation des âges», *in* Xavier Gaullier *et al.* (orgs.), *État-providence. Arguments pour une reforme*, Paris, Gallimard, 1996.

GAULLIER, Xavier, *Les Temps De La Vie, Emploi Et Retraite*, Paris, Esprit, 1999.

GIDDENS, Anthony, *Modernidade E Identidade Pessoal*, Oeiras, Celta, 1997.

GUILLEMARD, Anne-Marie, *La retraite:une mort sociale. Sociologie des conduites en situation de retraite*, Paris, La Haye: Mouton, 1972.

GUILLEMARD, Anne-Marie, *La Vieillesse et L'État*, Paris, PUF, 1980.

GUILLEMARD, Anne-Marie; LÉGARÉ, Jacques; ANSART, Pierre, *Entre Travail, Retraite et Vieillesse. Le Grand Ecart*, Paris, L'Harmattan, 1995.

GUILLEMARD, Anne-Marie, «Incertitudes et perspectives de la fin de carrière», *Societal*, nº 25, Paris, 1999, pp. 35-40.

GUILLEMARD, Anne-Marie, *L'âge de l'emploi. Les societés a L'épreuve du viellissement*, Paris, Armand Colin, 2003.

GORZ, André, *Misère du présent, richesse du possible*, Paris, Galilée, 1997.

HAZAN, Haim, *Old Age, Construtions and Desconstrutions*, Cambridge, Cambridge University Press, 1994.

HUNTINGTON, Samuel P., *The Clash of Civilizations and the Remaking of World Order*, Nova Iorque, Touchstone, 1997.

Hureaux, Roland, *Les Temps Des Derniers Hommes: démographie, politiques, familiales, modernité*, Paris, Hachette, 2000.

Judt, Tony, *Um Tratado Sobre os Nossos Actuais Descontentamentos*, Lisboa, Edições 70, 2010.

Le Bras, Hervé, *Marianne et les lapins. L'obsession démographique*, Paris, Hachete, col. Pluriel, 1991.

Lefebvre, Alain; Méda, Dominique, *Faut-Il Brûler le Modèle Social Français?*, Paris, Seuil, 2006.

Méda, Dominique, *Le Travail. Une Valeur en Voie de Disparition?*, Paris, Flammarion, col. Champs d'Essais, 2010 (1995).

Mendes, Fernando Ribeiro, *Conspiração Grisalha. Segurança Social, Competitividade e Gerações*, Oeiras, Celta, 2005.

Mendes, Fernando Ribeiro, *Segurança Social: O Futuro Hipotecado*, Lisboa, Relógio D'Água, col. Ensaios da Fundação, 2011.

Montagne, Sabine, *Les Fonds de Pensions. Entre Protection Sociale Et Spéculation Financière*, Paris, Odile Jacob, 2006.

Mormiche, Pierre, «Vie et santé progressent de concert», *in* Jacques Dupâquier (dir.), *L'espérance de vie sans incapacités*, Paris, PUF, 1997.

Offe, Claus, *Disorganized Capitalism: Contemporary Transformations of Work and Politics*, Cambridge, The MIT Press, 1985.

Paúl, Constança; Fonseca, António Manuel (coord.), *Envelhecer em Portugal*, Lisboa, Climepsi, 2005.

Perelman, Julian; Mateus, Céu; Fernandes, Ana Alexandra, «Gender equity in treatment for cardiac heart disease in Portugal», *Social Science & Medicine*, vol. 70, 2010, pp. 1867-2098.

Perelman, Julian; Fernandes, Ana Alexandra; Mateus, Céu, «Gender disparities in health and healthcare: results from Portuguese National Health Interview Survey», *Cadernos de Saúde Pública*, vol. 28, nº 12, Rio de Janeiro, 2012, pp. 2339-2348.

Perrig-Chiello Pasqualina; Hutchison Sara, «Research on Ageing, Health and Gender: A Long and Winding Road», *Gerontology*, vol. 56, nº 3, 2010, pp. 348-350.

Phillipson, Chris, *Ageing*, Cambridge, Polity Press, 2013.

Piketty, Thomas, *O Capital No Século XXI*, Lisboa, Circulo de Leitores, 2014.

Rifkin, Jérémy, *La fin du Travail*, Paris, La Découverte, 1997.

Robine, Jean-Marie, «Allongement de la vie et évolution de l'espérance de vie sans incapacité», *in* Jacques Vallin (ed.), *L'Avenir de L'espérance de Vie*, Congrès et colloques, n. º 12, Paris, PUF, 1993, pp. 79-95.

Robine, Jean-Marie, «Espérance de Santé: Concepts, Théories et Objectifs», *in* Jacques Dupâquier (dir.), *L'espérance de Vie Sans Incapacités*, Paris, PUF, 1997.

Schnapper, Dominique, *Contra o Fim do Trabalho*, Lisboa, Terramar, 1999.

Sennett, Richard, *The Corrosion of Character. The Personnel Consequences of Work in the New Capitalism*, Nova Iorque, W.W. Norton & Company, 1998.

Silva, Carlos Pereira da, «Reforma da Segurança Social: os regimes complementares e o reforço da sustentabilidade financeira do regime público», *Sociedade e Trabalho Especial Segurança Social*, 1ª ed., Lisboa, 1998.

SILVA, Pedro Adão e, «O modelo de Welfare da Europa do Sul: reflexões sobre a utilidade do conceito», *Sociologia, Problemas e Práticas*, nº 38, Oeiras, 2002.

VERON, Jacques; PENNEC, Sophie; LÉGARÉ, Jaques (orgs.), *Âges, Générations et Contrat Social*, INED, coll. Cahier, nº 153, 2004.

NOTAS

[1] Agradeço a leitura atenta deste texto à minha amiga Leonor Sousa Machado que, com o seu olhar cirúrgico e sentido crítico, me confrontou com o que estava menos claro e percetível.

[2] A primeira edição desta obra é de 1995.

[3] Políticas natalistas levadas a cabo em alguns dos países que mais cedo começaram a sentir os efeitos do declínio da natalidade e que tiveram os seus críticos e os seus adeptos. Um dos aspetos a salientar é a posição política entre esquerda e direita, ou seja, os partidos à direita sempre defenderam políticas pró-natalistas. Em certas situações, a controvérsia natalista arrastou o debate para a alternativa entre promoção da natalidade *versus* imigração. Esta controvérsia teve, e tem, repercussão no debate político da xenofobia e do racismo, emergentes em sociedades europeias como a França. Em demografia, uma das obras paradigmáticas deste tema é o livro de Hervé Le Bras, *Marianne et les Lapins. L'obsession Démographique.*

[4] Os dados mais recentes da natalidade indicam a continuidade do declínio já observado em 2007, que não foi tido em consideração no cenário prospetivo apresentado.

[5] Foi só na Constituição de 1976 que se estabeleceu o direito universal a uma pensão de reforma com a institucionalização do sistema de segurança social (Artigo 63º).

[6] Entre outras, a obra citada de Robert Castel (1995); a de Jeremy Rifkin, *La fin du travail*, Paris, Découverte, 1997; e de André Gorz, *Misères du présent, richesse du possible*, Paris, Galilée, 1997.

[7] Resultados do projeto de investigação «Envelhecimento e Saúde – Uma Análise de Género» (PTDC/CS-SOC/103608/2008).

O SISTEMA EM REFORMA

Paula C. Albuquerque

1. As pressões sobre o sistema

Grande parte do mundo envelhece rapidamente. Portugal é dos países mais envelhecidos do continente mais velho. Em 2013, tinha o quinto maior índice de envelhecimento da Europa – 133,5 pessoas com 65 e mais anos por cada 100 crianças com menos de 15 anos. Desde que entrámos no século XXI, ultrapassámos o valor da igualdade entre os dois grupos etários. Este fenómeno demográfico tem inúmeras consequências, sendo uma delas, porventura a mais debatida, a dificuldade financeira que coloca ao Estado-providência e ao sistema de pensões em particular.

A pressão demográfica sobre o sistema de pensões é facilmente entendível olhando para o rácio de dependência de idosos, isto é, para a proporção entre a população com 65 anos e mais, na sua maioria reformada, e a população em idade ativa, identificada geralmente com o grupo dos 15 aos 64 anos. Estima-se que este valor tenha ultrapassado os 30% em 2014, sendo que em 1970 era pouco mais de 15%. Se se contar com os descontos que a população ativa faz para o sistema público de pensões, de modo que sejam pagas as prestações aos pensionistas, é bom de ver que o dobro de potenciais reformados para cada indivíduo potencialmente ativo no mercado de trabalho pode colocar o sistema de pensões em dificuldade. No Gráfico nº 1, podemos ver a evolução do número de pensionistas em percentagem da população ativa nas últimas décadas, em Portugal.[1]

Acresce que a tendência demográfica é para o número de pensionistas continuar a aumentar em relação ao número de trabalhadores. Esta evolução depende não só da demografia como do funcionamento do mercado de trabalho e das regras definidas para a reforma. No Gráfico nº 2, vemos o número de pensionistas dividido pelo número dos trabalhadores contribuintes.

Juntamente com o envelhecimento da população, também o uso comum da reforma antecipada foi responsável pelas dificuldades financeiras do sistema de pensões. A reforma antecipada servia muitas vezes como forma de rever a estrutura etária dos trabalhadores nas empresas e organizações e era vista como propícia à criação de emprego para os jovens, embora tal se tenha verificado empiricamente falso (Barr & Diamond, 2009) – os países com idades de reforma mais tardias não apresentam maiores taxas de desemprego jovem. Por norma, quem se reformava antecipadamente contribuía menos para o sistema e acabava por receber, em média, um valor atualizado das prestações totais maior do que alguém que se reformasse mais tarde.

Além do fator demográfico e do uso alargado das reformas antecipadas, a maturação do sistema de pensões também contribui para o aumento da proporção do número de beneficiários relativamente ao de contribuintes. Quando um sistema de pensões é criado, os trabalhadores começam a contribuir para ele. As gerações que vão atingindo a idade da reforma têm carreiras contributivas muito curtas, podendo não chegar para ter acesso a uma pensão. Consoante o tempo vai passando, novos trabalhadores deixam o mercado de trabalho com carreiras progressivamente mais longas, o que conduzirá a mais pensionistas e com pensões mais elevadas. Diz-se que o sistema está maduro quando todas as gerações tiverem tido oportunidade de ter uma carreira contributiva completa antes de se reformarem. Mesmo sem a intervenção de outros fatores, o aumento dos custos com pensões é, assim, natural na fase de maturação, a qual dura várias décadas. O sistema público de pensões português chegou recentemente à maturidade: na primeira década do século XXI (Martins *et al.*, 2008; Mendes, 1995).

Gráfico nº 1: Evolução do nº de pensionistas (velhice) da Segurança Social e de aposentados/reformados da Caixa Geral de Aposentações, em % da população ativa

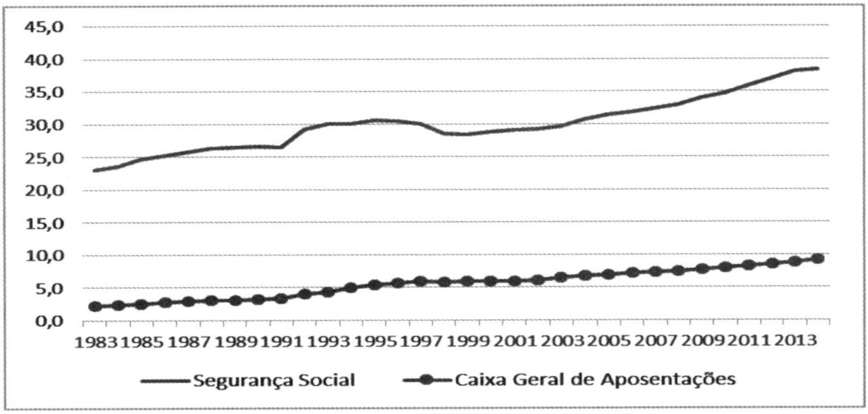

Fontes/entidades: INE, CGA/MF, IGFSS/MSESS (até 1998); SS/MSESS (a partir de 1999), PORDATA.

Gráfico nº 2: nº de pensionistas/nº de subscritores de proteção social da Segurança Social e da Caixa Geral de Aposentações

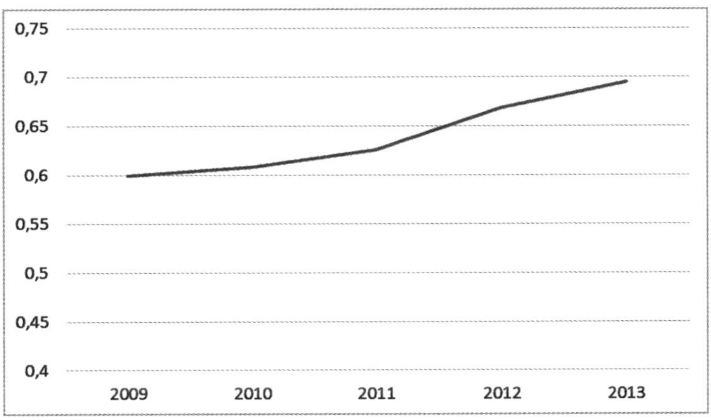

Fonte: Cálculo com base nos dados do INE. Nota: incluem-se nos subscritores pensionistas que estejam simultaneamente no ativo, subsidiados por desemprego, e pessoas noutras situações de equivalência a entrada de contribuições.

A crise e as dificuldades orçamentais associadas aumentaram a necessidade de garantir a sustentabilidade financeira do sistema público de pensões, já que corresponde a uma despesa pública que representa uma fatia importante da riqueza gerada em Portugal. Os dados mais recentes da OCDE mostram que em Portugal, em 2014, esse valor representava 13% do PIB (OCDE, 2015). Tal como na generalidade dos países ocidentais, as pensões constituem a maior fatia das despesas sociais.

Os ajustamentos necessários para tornar sustentável um sistema que tem previstas despesas crescentes passam por reduzir essas despesas ou aumentar as receitas que servem para as financiar. A não ser que haja suficiente crescimento económico[2], qualquer das soluções que se possam encontrar tem custos e, por isso, as reformas do sistema são politicamente impopulares. Por essa razão, é particularmente importante que se perceba a sua necessidade e as alternativas possíveis de resposta. A escolha da alternativa não é indiferente, já que cada uma tem consequências distintas sobre diferentes segmentos da população. Alternativas sem custos é que não existem.

Nos capítulos seguintes, procuraremos deixar claras as opções possíveis, os efeitos de cada uma e o que tem sido feito até ao momento. Não se aceita verdadeiramente o que não se entende e quem paga os custos precisa de conhecer o sentido do esforço pedido e os efeitos das diferentes escolhas.

2. Os objetivos dos sistemas de pensões

Do ponto de vista individual, um sistema de pensões deve servir de seguro social, ou seja, assegurar que os trabalhadores que se tornam demasiado idosos para trabalhar se possam sustentar, providenciando-lhes rendimento e permitindo uma continuidade do nível de consumo ao longo da vida (alisamento do consumo). A função de alisamento do consumo pretende não apenas garantir um consumo mínimo quando o trabalhador deixa de trabalhar, mas garantir um rendimento que permita a manutenção do nível de vida anterior. Além das pensões de reforma ou velhice, também têm função de seguro social a pensão por invalidez, a pensão de sobrevivência, os subsídios de doença e de maternidade/paternidade. O que os diferencia é o risco coberto.

Se cada pessoa, individualmente, não sabe quanto tempo vai viver, o tempo médio esperado de vida de um grupo de pessoas é menos variável. O sistema de pensões funciona como um seguro em que cada trabalhador aplica poupanças e depois da reforma recebe prestações regulares protegendo-se do risco de longevidade, isto é, do risco de viver mais do que o número de anos para o qual poupou durante o tempo de trabalho.

Do ponto de vista do Estado, as pensões podem ser usadas para eliminar a pobreza e como meio de redistribuição dos rendimentos, em complemento da tributação dos rendimentos.

3. Tipologia dos sistemas de pensões

As pensões de reforma são fluxos de prestações pecuniárias recebidas pelos reformados. Os sistemas de pensões podem classificar-se quanto à «gestão», à «fonte de receita», ao «modo de financiamento» e ao «tipo de prestação».

Quanto à «gestão», podem ser sistemas públicos ou privados. Nesta análise, o foco é sobre os sistemas públicos. A função de redistribuição e alívio da pobreza é eminentemente uma competência do Estado. Não há dúvida de que, com esse fim, tem de haver um sistema de pensões a nível nacional, gerido pelo Estado. Se o Estado também deve assegurar a função de alisamento do consumo, tal já é discutível. Os entendimentos variam de país para país. Nalguns, como no Canadá, Chile ou Reino Unido, essa competência cabe em grande parte aos indivíduos, os quais devem ter soluções de seguro no setor privado.

Mesmo que a gestão não seja pública, mas assegurada por seguradoras ou sociedades gestoras de fundos, há argumentos económicos para defender a obrigatoriedade de todos os cidadãos contratarem um esquema de pensões. Por um lado, isso impede que o gestor de pensões tenha a possibilidade de excluir grupos de maior risco de longevidade, que ficariam sem cobertura, e, por outro, é sabido que frequentemente os agentes económicos sofrem de miopia, o que os leva a valorizar muito mais o consumo presente do que o consumo futuro, fazendo com que caso não haja obrigatoriedade em descontar para um sistema de pensões, não o farão. O bem-estar social aumenta quando a pobreza diminui. Assim, as sociedades têm interesse em proteger os indivíduos com maior risco de pobreza por terem limitações na sua capacidade de trabalhar – grupo em que se incluem as pessoas de idade mais avançada –, sendo desejável que o Estado garanta um nível mínimo de consumo a todos os cidadãos. No entanto, isto potencia situações de risco moral, isto é, situações em que os indivíduos não se esforçam o suficiente por preparar a sua reforma contando com a intervenção do Estado. Este é mais um argumento para explicar a existência de obrigatoriedade de participação em esquemas de pensões. A favor da gestão das pensões a cargo do Estado encontramos o argumento de que um sistema centralizado ganha em economias de escala, com menores custos administrativos por pensionista. Adicionalmente, o risco de falência do Estado também é inferior ao risco de falência de seguradores privados.

Quanto à «fonte de receita», o regime pode ser contributivo ou não contributivo. Caso seja contributivo, tem como receitas uma parte paga pelos trabalhadores e uma parte paga pelos empregadores, especificamente com o fim de financiar o sistema de pensões. Habitualmente, chama-se à parte paga pelo trabalhador «quotização» e à parte paga pelo empregador «contribuição». Contudo, neste texto, vamos tratar estes pagamentos genericamente como «contribuições». O recebimento de prestações, tal como o seu valor, está dependente, entre outros fatores, de um número mínimo de anos nos quais a pessoa contribuiu para o sistema (período de carência ou prazo de garantia). Corresponde ao sistema previdencial *bismarkiano*, inspirado no sistema alemão criado em finais do século XIX pelo chanceler Bismarck. Caso seja não contributivo, os benefícios são financiados pelo orçamento, ou seja, pelos impostos, e atribuídos com base no preenchimento de determinados critérios que não estão relacionados com contribuições. Corresponde ao sistema assistencial de William Beveridge, que se desenvolveu no Reino Unido por altura da Segunda Grande Guerra e que pretendia garantir um rendimento mínimo a todos os cidadãos.

No que respeita ao «modo de financiamento», os sistemas de capitalização contrapõem-se aos sistemas de repartição contemporânea. Um sistema de capitalização financia as prestações auferidas com base nas poupanças acumuladas pelo beneficiário num fundo, incluindo os juros da sua aplicação. A esse valor são deduzidas as taxas de gestão do fundo. Um sistema de repartição contemporânea financia as prestações auferidas pelos pensionistas com base na riqueza produzida no mesmo período. São os que estão no ativo que financiam as pensões dos que já se reformaram. Quando um grupo de trabalhadores atinge a reforma deixa de contribuir para o sistema e passa a ser financiado pelos que estão nessa altura no mercado de trabalho. Portanto, enquanto num sistema de capitalização as contribuições são investidas num fundo, num sistema de repartição contemporânea são imediatamente usadas para efetuar pagamentos.

Em relação ao «tipo de prestação», os sistemas de pensões podem ser de benefício definido ou de contribuição definida. Se for de benefício definido, a prestação recebida é calculada com base numa fórmula conhecida de antemão que pode depender dos salários auferidos, dos anos de trabalho e da idade da reforma. Sendo assim, a terminologia é um pouco enganadora, já que não existe verdadeiramente um benefício bem definido se ele se alterar em função daquelas variáveis. Mas o que distingue este tipo de sistema é que o benefício não depende dos rendimentos gerados pela aplicação das contribuições. Se for de contribuição definida, cada trabalhador tem uma conta onde se contabilizam as contribuições e a prestação é calculada com base no valor acumulado até à reforma e numa remuneração dessas contribuições, podendo ser o rendimento do mercado ou um rendimento definido pelo gestor das pensões, designadamente o Estado. Converte-se numa anuidade estipulando uma determinada longevidade esperada. Não é comum, mas há casos em que é possível o pensionista optar por um levantamento do valor acumulado, todo de uma vez, em vez da conversão na anuidade. A taxa de contribuição é definida de forma exógena. Naturalmente, só estando num regime contributivo se podem ter prestações de contribuição definida. Num sistema de contribuição definida, os indivíduos assumem o risco da taxa de remuneração e o risco de afastamento do mercado de trabalho (Grech, 2014). Nos sistemas de benefício definido, esses riscos não são tradicionalmente assumidos pelos indivíduos.

Atualmente, é difícil classificar o sistema de pensões de um país europeu. Por um lado, muitos países têm um sistema de pensões com múltiplos pilares, cada um com diferentes tipologias, podendo mesmo haver combinação de elementos de diferentes tipos no mesmo pilar. Por outro lado, as reformas que têm tido lugar na Europa têm aproximado regimes que eram teoricamente distintos. Acresce que essas reformas são muitas vezes aplicadas gradualmente, ficando os recém-entrados no mercado de trabalho sujeitos a regras diferentes dos mais antigos ou dos já reformados – a classificação do sistema a que uns e outros estão sujeitos pode diferir.

Em Portugal, a principal componente do sistema de pensões público é contributiva, de repartição contemporânea e de benefício definido. É de notar que as contribuições (taxa social única) servem para pagar as atuais pensões e outras prestações contributivas, como o subsídio de desemprego, de doença ou parental. As pensões incluem não só as de velhice ou de reforma, mas também as de invalidez e de sobrevivência. O sistema tem ainda uma componente não contributiva para quem não preenche os critérios de elegibilidade do regime contributivo e possui rendimentos mensais muito baixos.

4. Sustentabilidade financeira e adequação

Um sistema de pensões que não seja financeiramente sustentável não é viável. Mas se, para ser financeiramente sustentável, os níveis das pensões recebidas pelos reformados tiverem de ser reduzidos ao ponto de não evitarem a pobreza ou não permitirem a manutenção do nível de vida anterior à reforma, o sistema não está a cumprir os objetivos com que foi criado. E um sistema de pensões bem-sucedido é aquele que atinge os seus objetivos (Grech, 2013).

A sustentabilidade financeira não é um problema que se coloque nos sistemas de pensões de contribuição definida puros, já que as responsabilidades do sistema têm o mesmo valor dos seus ativos (D'Addio & Whitehouse, 2012). Nesse caso, a principal preocupação é a da adequação. Em boa verdade, se não fosse o impacto que as reformas no sistema têm na formação e distribuição do rendimento, a sustentabilidade nunca seria um problema. Bastaria aumentar as contribuições nos sistemas de benefício definido e reduzir os benefícios nos sistemas de contribuição definida para a sustentabilidade estar garantida, mesmo com uma demografia ou um ciclo económico adversos. Contudo, outros critérios além da sustentabilidade do sistema de pensões têm de ser tidos em conta.

De seguida, vamos analisar em detalhe o significado dos dois conceitos – sustentabilidade e adequação – que devem orientar a reforma de qualquer sistema de pensões.

4.1. *A sustentabilidade financeira*

De acordo com o Índice de Sustentabilidade das Pensões calculado pela Allianz (Allianz, 2014), que pondera a demografia, a arquitetura do sistema de pensões e a situação das finanças públicas, Portugal ainda tem um problema de sustentabilidade financeira, mesmo após esforços de reforma.

Apesar de a sustentabilidade financeira ser o principal objetivo das reformas dos sistemas de pensões que têm ocorrido na Europa, não há uma forma única de aferir a sua existência. Quando é que um sistema de pensões é financeiramente sustentável? A sustentabilidade de um sistema é, em sentido lato, a capacidade de se manter a funcionar no tempo, a sua viabilidade. No caso de um sistema de pensões, trata-se da capacidade de dispor de fundos para financiar os compromissos assumidos quanto ao pagamento de prestações. É um conceito de longo prazo e a sua avaliação dependerá, desde logo, do período considerado na análise. Ter um sistema viável daqui a 20 anos não exige o mesmo que ter um sistema viável daqui a 50 ou 80 anos. Contudo, quanto mais longo o horizonte, mais difícil é fazer cálculos e mais irrealistas serão, certamente, as hipóteses usadas. Se um sistema contributivo for sustentável, as prestações correntes e futuras podem ser pagas sem ter de haver ajustamentos nas regras nem criação de défices.

Um indicador comummente usado para avaliar a dificuldade de manter o sistema é o custo nacional de pensões, que corresponde à despesa com pensões em percentagem do PIB. Este é um indicador fácil de calcular, o que justifica o seu largo uso. Contudo, não dá informação sobre o que justifica a evolução ocorrida. A despesa com pensões depende do número de pensionistas (influenciado pela demografia) e do valor médio das pensões. O custo nacional de pensões não indica claramente se é suportável ou não. Em fases de forte crescimento económico, a despesa com pensões é, obviamente, mais facilmente comportável, já que a massa salarial também cresce, gerando assim um aumento das receitas do sistema. No caso de o sistema ser contributivo, as contribuições são as receitas do sistema; no caso de não ser contributivo, são os impostos; e ambos aumentam dado que as bases de incidência (salários e demais rendimentos) crescem. A relação entre a despesa com pensões e a massa salarial é outro indicador da ideia do encargo que as pensões representam para os que se encontram a contribuir, no caso de o sistema ser de repartição contemporânea. A massa salarial é influenciada pela produtividade do trabalho e pelo nível de emprego. Aumentos de produtividade, integração no mercado de trabalho de elementos excluídos e imigração de pessoas empregáveis são fatores que influenciam positivamente a sustentabilidade. Ferrara e Ferrara (2014) propõem uma medida de sustentabilidade do sistema de pensões dada pelo peso no PIB da diferença entre a despesa com pensões, deduzidas dos impostos que sobre elas recaiam, e as contribuições.

Um sistema de capitalização em que a soma do valor atualizado das receitas esperadas durante um período longo é igual à soma do valor atualizado das prestações esperadas no mesmo período é financeiramente sustentável (D'Addio & Whitehouse 2012). Dado que num sistema de repartição contemporânea se usam as contribuições do período corrente para pagar as prestações do período corrente, e estes valores dificilmente são iguais, é recomendável a constituição de um fundo de reserva onde se acumulem excedentes do sistema, os quais são aplicados a uma determinada taxa de juro. Este fundo será usado quando as contribuições não chegarem para pagar as despesas com pensões. Quando os sistemas de pensões são criados, deve começar por se acumular as contribuições num fundo que será usado quando o sistema atingir a maturidade, evitando ter de aumentar as contribuições nessa altura (Disney, 2000; Banco Mundial, 1994). Nesse caso, na avaliação da sustentabilidade do sistema, as despesas atuais e futuras devem ser cobertas pelas receitas atuais e futuras, considerando os ativos do fundo de reserva conjuntamente com as contribuições. A sustentabilidade do sistema não exige que em cada momento as receitas cubram as despesas, uma vez que é possível fazer transferências de períodos em que há excedente para períodos em que há défice. O que tem de acontecer é que o que sobra nas fases em que as receitas excedem as despesas deve ser semelhante ao que é necessário para completar os défices quando estes têm lugar. Um problema com a existência destes fundos de reserva é a tentação dos governos para os utilizarem tendo em vista fazer frente a problemas de finanças públicas (Casey, 2014).

Coelho (2013) mostra a condição que um sistema de repartição contemporânea deve preencher para estar equilibrado num dado momento. Essa condição combina o número de pensionistas, o número de empregados, a taxa de contribuição dos empregados e dos empregadores e a taxa de substituição (relação entre os rendimentos no momento posterior à reforma e os rendimentos no momento anterior à reforma). Adicionalmente, calcula o equilíbrio intertemporal do sistema, incorporando a existência de um fundo de reserva (Fundo de Estabilização). Por conseguinte, a sustentabilidade do sistema depende também do valor inicial do Fundo de Estabilização. Este estudo obtém uma condição de equilíbrio que relaciona a taxa de crescimento dos empregados, a taxa de crescimento dos pensionistas e o valor do Fundo de Estabilização. Utilizando os valores de salários, pensões e taxas de contribuição existentes em Portugal, no período 2008-2012, e definindo cenários possíveis quanto à evolução do número de pensionistas e do número de empregados, o autor conclui que, mesmo nos cenários mais otimistas, o valor do Fundo de Estabilização necessário para assegurar a sustentabilidade do sistema em 2030 seria muito superior ao existente. Isto não significa que seja impossível ter um sistema de repartição contemporânea sustentável, através de alterações paramétricas, antes significa que os valores futuros das pensões e/ou dos salários e/ou das taxas de contribuição teriam de ser diferentes dos existentes em Portugal nesse mesmo período.

4.2. *A adequação*

Não há uma forma consensual de definir adequação. Pode ser possuir recursos para se manter acima de um determinado nível de referência, como seja a linha de pobreza, pode ser conseguir manter o nível de vida que se tinha antes da reforma (desde que esse nível de vida esteja acima do nível de pobreza) ou ainda não perder poder de compra comparativamente com o resto da população do país.

A manutenção do nível de vida prévio após a reforma pode ser aferido de diversas formas. Um dos instrumentos usados com esse fim é a taxa de substituição dos indivíduos com carreiras contributivas completas. Esta medida pode ser tomada em sentido restrito ou em sentido lato. Em sentido restrito, compara a pensão recebida após a reforma com o salário recebido antes da reforma. Faz mais sentido que tanto a pensão como os salários sejam considerados em termos líquidos, isto é, deduzidos de eventuais impostos e contribuições. Contudo, também se pode calcular a taxa de substituição comparando os valores brutos das pensões e salários. Em sentido lato, esta taxa de substituição corresponde à relação entre o rendimento disponível após a reforma e o rendimento disponível antes da reforma, considerando as várias fontes de rendimento possível. Para que haja manutenção do nível de vida, o valor não tem de ser igual a «1». Por norma, considera-se que há despesas associadas ao trabalho que deixam de ter lugar quando a pessoa se reforma – relativas a transporte ou vestuário, por exemplo –, pelo que o valor pode ser inferior a «1». Geralmente, calculam-se as taxas de substituição para diferentes categorias de indivíduos com base na sua posição na escala do rendimento. Indivíduos com rendimentos médios têm habitualmente menores taxas de substituição do que indivíduos de menores rendimentos, devido à progressividade do sistema de tributação das pensões que vigora em muitos países (OCDE, 2014).

A análise da adequação com base na taxa de substituição enferma da limitação de estar focada numa observação única, ou seja, no que acontece no momento da passagem à reforma. Ora, pode acontecer que as pensões sejam subsequentemente ajustadas de forma a perder poder de compra comparativamente com os salários, o que não é tido em conta no cálculo da taxa de substituição. Além disso, no seu cálculo, toma-se geralmente o trabalhador com uma carreira contributiva completa, deixando de fora a situação dos que se reformam sem as condições exigidas para se obter a pensão completa. Mas pode calcular-se a taxa de substituição de indivíduos em situações distintas. Quando se procura avaliar a adequação de um sistema de pensões, deve complementar-se a informação sobre a taxa de substituição com a informação sobre o método de indexação das pensões. Se o valor das prestações recebidas em cada ano não for atualizado, mas os salários aumentarem e houver inflação, os pensionistas vão perdendo poder aquisitivo relativamente à população trabalhadora e as suas pensões vão reduzir-se em termos reais. Para preservar o seu valor, as prestações devem ser atualizadas de acordo com alguma regra de indexação, cuja escolha não é indiferente. Se as pensões estiverem indexadas aos salários nominais, o poder de compra dos pensionistas evolui ao mesmo ritmo do poder de compra dos trabalhadores, mantendo-se a posição relativa na escala de rendimentos. As alternativas mais frequentes são a indexação aos preços – mantendo o valor real das prestações – e a inclusão da evolução da economia na fórmula de indexação. Alguns países usam uma indexação progressiva, ajustando mais favoravelmente as pensões mais baixas.

Outra medida de adequação é a taxa de pobreza relativa dos idosos: percentagem de pessoas mais velhas com rendimento equivalente abaixo de 50% do valor mediano (OCDE, 2014). Em Portugal, a taxa de pobreza relativa das pessoas com 65 e mais anos era tradicionalmente superior à do conjunto da população (Quadro nº 1). No entanto, desde 2011 que a situação se inverteu, em grande parte devido à crise económica que atingiu mais intensamente os mais jovens, mas também pelo cuidado em salvaguardar as pensões mais baixas dos ajustamentos negativos das restantes. É de notar que a taxa de pobreza dos idosos com 75 e mais anos e que viviam sós, avaliada em 2011, era superior à do conjunto da população (Rodrigues & Andrade, 2014).

Quadro nº 1: Taxa de risco de pobreza por grupo etário

Anos	Taxa de risco de pobreza após transferências sociais, por grupo etário (%)			
	Total	**<18**	**18-64**	**65+**
2003	20,4	24,6	17,0	28,9
2004	19,4	23,7	15,9	27,6
2005	18,5	20,8	15,7	26,1
2006	18,1	20,9	15,2	25,5
2007	18,5	22,8	16,3	22,3
2008	17,9	22,9	15,8	20,1
2009	17,9	22,4	15,7	21,0
2010	18,0	22,4	16,2	20,0
2011	17,9	21,8	16,9	17,4
2012	18,7	24,4	18,4	14,6
2013	19,5	25,6	19,1	15,1
2014	Pro 19,5	Pro 24,8	Pro 18,8	Pro 17,1

Fonte: PORDATA.
Fontes de Dados: INE - «Inquérito às Condições de Vida e Rendimento».
Nota: Pro - Valor provisório.

Nos países da OCDE, as pensões públicas constituem cerca de 60% do rendimento dos indivíduos mais velhos e há uma relação inversa entre a taxa de substituição das pensões e a taxa de pobreza na velhice: os países com sistemas de pensões mais generosos tendem a ser os que têm menores taxas de pobreza entre os mais velhos (Clements *et al.*, 2013).

O nível de cobertura das pensões também influencia a adequação do sistema. Se muitos indivíduos ficarem de fora, porque trabalharam no setor informal, ou porque tiveram carreiras irregulares e não chegaram a cumprir os requisitos mínimos para conseguirem uma pensão, a probabilidade de se verificar uma taxa de pobreza elevada na velhice é maior. Também é importante saber como o sistema penaliza as ausências ao trabalho, seja por doença, incapacidade ou prestação de cuidados.

A existência de valores mínimos de pensão no regime contributivo e a existência de pensões sociais para quem não satisfaz as condições para auferir uma pensão no regime contributivo são formas de se cuidar da adequação. Porém, mesmo com estes elementos, se os seus valores forem muito baixos a adequação não fica assegurada. A adequação pode melhorar para certos grupos à custa da sua redução para outros, sobretudo considerando que a restrição financeira está sempre presente. O envelhecimento da população é um obstáculo à adequação, dado que um sistema de um país com menor esperança de vida pode pagar taxas de substituição mais elevadas com as mesmas taxas de contribuição para o sistema.

O incentivo à adoção de planos voluntários de poupança privada para complementar as pensões públicas pretende aumentar a possibilidade de se manter o nível de vida com a passagem à reforma, em contexto de redução das taxas de substituição das pensões públicas para melhorar a sustentabilidade. A Comissão Europeia projeta uma redução do rácio dos benefícios das pensões – que compara o valor da pensão média com o do salário médio – para a generalidade dos países europeus, entre 2013 e 2060 (Comissão Europeia, 2015). Portugal é o segundo país da União Europeia (UE) com maior redução prevista para este rácio. Prevê-se uma redução de 20 pontos percentuais (p.p.), enquanto a redução média da UE está prevista ser de 9 p.p. Por seu turno, a taxa de substituição deverá passar de 57,5% em 2013 – acima dos 46,3% da zona euro – para 44,8% em 2025 e 30,7% em 2060 – abaixo dos 38,6% projetados para a zona euro. Estes cálculos têm por base as regras de reforma e de indexação das pensões atuais, os períodos contributivos mais longos, as hipóteses de crescimento da produtividade e dos salários, e as variações previstas na proporção de pessoas em idade de trabalhar e de pessoas em idade da reforma. Claramente, o problema de adequação será preocupante, sobretudo como propiciador da manutenção do nível de vida anterior à reforma, e daí a importância crescente da complementação do rendimento do sistema público obrigatório de pensões com poupanças adicionais. Naturalmente, não é realista esperar que trabalhadores de baixos rendimentos possam recorrer a essa estratégia. No entanto, além das classes de rendimentos elevados, que já beneficiam atualmente de rendimentos de aplicação de poupanças, os complementos voluntários de reforma podem ajudar a manter o nível de vida das classes de rendimentos intermédios, o que ainda não fazem.

5. Ajustamentos possíveis e suas consequências

Perante a necessidade de garantir a sustentabilidade financeira de um sistema de pensões pressionado pela evolução demográfica e pelos baixos níveis de crescimento económico, podem conceber-se diferentes tipos de reformas (Disney, 2000): (i) uma reforma paramétrica do sistema de repartição contemporânea, (ii) a criação de um sistema de repartição contemporânea de capitalização virtual e (iii) a transição para um sistema de capitalização, total ou parcial.

5.1. *Reforma paramétrica do sistema de repartição contemporânea*

Denomina-se reforma paramétrica a alteração de parâmetros na forma de cálculo das prestações recebidas, das contribuições a pagar ou nos critérios de elegibilidade para a reforma, sem que o tipo de regime se altere, isto é, fundamentalmente, sem que mude o tipo de financiamento ou o tipo de prestação. Uma reforma paramétrica não é sinónimo de uma reforma superficial e ligeira, por oposição a uma reforma estrutural que será a sério, embora por vezes se dê a entender isso. Há vários instrumentos que se podem utilizar, como sejam ajustamentos nos valores das prestações, na idade da reforma e no financiamento das pensões, nomeadamente nas taxas de contribuição.

5.1.1. *Ajustamentos nos valores das prestações*

Uma redução nos valores das prestações representa imediatamente menos custos para o sistema. Podem efetuar-se cortes diretos, mas existem outras possibilidades. A imposição de limites máximos para as pensões pode representar um corte nas pensões mais altas, nomeadamente para aquelas que ultrapassariam esse valor caso a restrição não estivesse em vigor. A criação de um imposto sobre pensões leva à redução do seu valor líquido. A redução das prestações também se consegue caso o respetivo valor passe a ser uma proporção do valor da média dos salários auferidos ao longo de um período longo – no limite, ao longo de toda a carreira contributiva – ao invés de uma proporção do valor da média dos salários auferidos na fase anterior à reforma – no limite, o último salário. (Isto é assim porque os salários reais tendem a aumentar ao longo da vida de trabalho.) A consideração da totalidade dos salários tende a manter a posição relativa dos novos pensionistas relativamente à da média dos trabalhadores, mas com perda de poder de compra na transição para a reforma; enquanto a contagem dos melhores salários, ou dos salários dos anos mais recentes, tende a colocar os novos pensionistas numa posição mais favorável, comparando com a média dos trabalhadores, e mais perto da manutenção do seu nível de vida pré-reforma. Também a valorização dos salários auferidos em diferentes períodos, tendo em conta a evolução do custo e do nível de vida, influencia o rendimento obtido com a reforma.

Não há uma forma única de valorização. As mais habituais são o o ajustamento do valor dos salários passados pela evolução dos preços (havendo vários índices de preços possíveis) e do valor dos salários passados pela evolução dos salários médios. É ainda possível observar combinações dos dois elementos: preços e salários. É mais frequente que os salários reais cresçam do que diminuam. Portanto, valorizar os salários passados com base na evolução dos salários médios tende a gerar valores atualizados mais altos do que valorizá-los com base na evolução dos preços. Além disso, o ajustamento pela evolução dos salários médios mantém a paridade entre os níveis de vida dos pensionistas e os da população empregada.

Os benefícios podem ser reduzidos se forem ajustados pelo aumento da esperança média de vida. Neste caso, o total dos benefícios que o reformado que preencha as condições para a reforma completa espera receber é sempre o mesmo. Contudo, se esperar viver mais tempo, esse benefício total é dividido por mais períodos, de tal forma que a prestação mensal se converte em menor. Este tipo de ajustamento num sistema que era, à partida, de benefício definido, aproxima-o de um sistema de contribuição definida. Neste último, o valor capitalizado das contribuições é convertido em anuidade, com base na esperança média de vida no momento da reforma. Dado que estes cálculos são efetuados no momento da reforma, usa-se a mesma esperança de vida para todos os indivíduos que se reformam na mesma altura com a mesma idade. Isto implica que quem viva mais do que o esperado acabe por receber mais do quem viva menos do que o esperado.

Para ter em conta as alterações que vão ocorrendo, no custo e no nível de vida, efetuam-se por norma ajustamentos regulares no valor das prestações recebidas. A evolução deste valor é geralmente indexada à evolução de alguma ou algumas variáveis: os preços, os salários, o PIB. Umas opções são mais generosas do que outras. No limite, pode congelar-se a indexação, impedindo as pensões de aumentar. No caso de a situação ser de deflação e de recessão, esta medida pode, ao invés, impedir as pensões de diminuir.

5.1.2. *Ajustamentos na idade da reforma*

Durante algumas décadas, nos países ocidentais, a idade da reforma foi diminuindo ao passo que a esperança média de vida foi aumentando, o que fez com que os períodos passados na reforma fossem sucessivamente maiores. Contudo, faz sentido que os anos ganhos com o aumento da longevidade não sejam integralmente passados na reforma, mas antes repartidos entre tempo de trabalho e tempo de reforma. Se as contribuições corresponderem a um terço das remunerações e as pessoas trabalharem e contribuírem durante quarenta anos, esse valor será suficiente para financiar menos de quinze anos de reforma com prestações semelhantes ao salário médio que obtiveram. Se viverem mais do que quinze anos além da idade da reforma, recebendo as mesmas prestações mensais, ultrapassam o valor que introduziram no sistema. Quanto maior a longevidade, maior essa diferença.

O prolongamento da vida ativa pode ser conseguido criando incentivos mais fortes para os trabalhadores se manterem no mercado de trabalho, mas também criando restrições legais à reforma antes de determinada idade. É a diferença entre ajustar as condições de forma que as pessoas decidam que é melhor trabalhar mais anos, ou impedir as pessoas de se reformarem antes de terem determinada idade e/ou determinado número de anos de trabalho.

O aumento da idade para ter a pensão completa e a introdução de bonificações no caso de se continuar a trabalhar depois de atingidas as condições para a pensão completa, estão na primeira categoria. O impedimento de reforma antes de determinada idade, mesmo com penalizações financeiras, está na segunda categoria. Quando um trabalhador tem a possibilidade de se reformar, e se dispuser da informação adequada, deve ter em conta o incentivo financeiro para o fazer. Se continuar a trabalhar, tem um acréscimo nas prestações futuras, mas tem de contribuir durante mais um período e não receber prestação relativa a esse período. Se o valor atual do acréscimo conseguido nas prestações futuras não for pelo menos igual ao valor que perde no imediato, existe uma espécie de imposto implícito que constitui um desincentivo para a pessoa se manter a trabalhar (Gruber & Wise, 2005). Contudo, não havendo esse imposto implícito, o sistema não beneficia a longo prazo do aumento da idade de trabalho, já que paga durante menos tempo, mas valores mais elevados, o que no total deverá ser equivalente. Nessas condições, diz-se que o sistema é atuarialmente neutro (Queisser & Whitehouse, 2006). Num sistema com esta característica, para que o aumento da idade de reforma através da alteração de incentivos aumente a sua sustentabilidade, tem de existir mesmo um aumento da idade estatutária da reforma, isto é, da idade a partir da qual o trabalhador pode auferir pensão completa.

Em muitos países, o aumento da idade de reforma afetou sobretudo as mulheres, uma vez que foram sendo anuladas as diferenças na idade da reforma que havia entre homens e mulheres. O aumento da idade efetiva de reforma – isto é, da idade em que as pessoas verdadeiramente se reformam – é vista como uma das formas mais benéficas de melhorar a sustentabilidade do sistema de pensões. Ao reter as pessoas no mercado de trabalho, aumenta o número de trabalhadores por pensionista, representando um menor encargo financeiro imediato para as gerações em idade ativa, no contexto de um sistema de repartição. Simultaneamente, contraria os efeitos negativos do envelhecimento da população sobre o crescimento económico, aumentando o volume da força de trabalho. E como já vimos, um maior crescimento económico e da massa salarial torna mais fácil o financiamento das pensões. Portanto, logo que o aumento da idade efetiva de reforma resulte na redução de pessoas a pedir a reforma antecipada, há um efeito benéfico sobre a adequação. Se for simplesmente um aumento da idade estatutária de reforma, pode ter efeitos negativos sobre a adequação, pois as pessoas com dificuldades em manter-se a trabalhar ficarão ainda mais longe de conseguir atingir a pensão completa ou, eventualmente, poderão deixar de conseguir aceder a qualquer pensão.

Por vezes, fixa-se um valor inicial para a idade de reforma e define-se que este aumentará automaticamente em linha com o aumento da longevidade. A criação de uma dependência entre a idade da reforma e a esperança média de vida está, no entanto, sujeita à crítica de que beneficia sobretudo os indivíduos com melhores condições socioeconómicas, já que são estes, por acederem mais facilmente a cuidados de saúde e melhores condições de vida, que conseguem com maior probabilidade viver mais anos. Estudos recentes mostram que esta discrepância entre a longevidade dos mais abastados e dos mais pobres tem até vindo a aumentar, pelo menos nalguns países (Bosworth *et al.*, 2016; Eriksson *et al.*, 2014).

5.1.3. *Ajustamentos no financiamento das pensões*

Um aumento dos custos de pensões tem de ser financiado. A não ser que seja acompanhado por uma redução equivalente noutras rúbricas da despesa pública, tem de ser financiado através do aumento das contribuições, ou do aumento dos impostos, por emissão de dívida ou combinando mais do que uma das vias possíveis. Quer o aumento das contribuições, quer o dos impostos, pode ser obtido com um aumento da taxa de contribuição ou da taxa de imposto, ou com um alargamento da base de incidência. O alargamento da base de incidência corresponde a fazer incidir a taxa sobre rendimentos que anteriormente ficavam de fora. Um exemplo disso é a redução do limite mínimo para os salários serem sujeitos a contribuição. A sugestão de passagem de parte da base contributiva dos salários para o valor acrescentado das empresas, que esteve em discussão na década de 1990, constitui outra forma de alargamento da base contributiva.

Existe em muitos países um limite máximo de salário a partir do qual deixa de ser obrigatório pagar contribuições para o sistema. Isto é consistente com a existência de limites máximos para o valor das prestações auferidas. Se o trabalhador atinge a pensão máxima com um menor nível de contribuições, não é racional fazer maiores descontos. Se houver apenas limite máximo para as prestações e não para as contribuições, as contribuições que ultrapassam o valor necessário para a pensão máxima são, na verdade, um imposto (Cichon *et al.*, 2004).

Na análise das várias possibilidades, há que ter em conta diversos efeitos sobre: a sustentabilidade, a adequação, a equidade intergeracional e intrageracional e os incentivos que se exercem por forma a estimular o crescimento económico. Um aumento das contribuições para o sistema de segurança social por parte dos empregadores, por exemplo, aumenta os custos do trabalho e, por essa via, tende a reduzir o nível de emprego e o nível de produção. A elevada concorrência internacional resultante da globalização intensifica os custos desta forma de ajustamento. Um aumento dos impostos também tem efeitos negativos sobre a economia. A redução das prestações pode causar problemas de adequação. O aumento da idade da reforma também não é isento de críticas. Todos os ajustamentos estão sujeitos à pressão de grupos de interesse.

5.2. *Criação de um sistema de repartição contemporânea de capitalização virtual*

O regime de capitalização virtual é na verdade um regime de repartição contemporânea quanto ao seu financiamento, já que as prestações são pagas a partir das contribuições das gerações que se encontram no mercado de trabalho. Contudo, é um sistema de contribuição definida, contrariamente à grande maioria dos regimes de repartição contemporânea. As contribuições correspondentes a cada trabalhador, apesar de serem efetivamente usadas para pagar as pensões das pessoas já reformadas, são contabilizadas numa conta virtual individual e revalorizadas com base numa taxa de remuneração pré-estabelecida administrativamente e não coincidente com a taxa de juro de mercado. Exemplos que têm sido utilizados para essa taxa de remuneração são a taxa de crescimento do PIB, a taxa de crescimento do salário médio e um índice de algumas variáveis. No momento da reforma, o valor acumulado nessa conta virtual converte-se em prestações. Essa conversão tem em conta a esperança média de vida à idade da reforma e as prestações obtidas poderão ser sujeitas a indexação. Por norma, este regime não tem uma idade estatutária de reforma que dê direito a uma pensão completa; enquanto a pessoa estiver a trabalhar e a pagar contribuições, a sua conta virtual vai acumulando. A flexibilidade na escolha da idade da reforma é uma vantagem deste sistema, embora não invalide que haja uma idade mínima para se poder auferir de pensão.

O sistema de capitalização virtual, sendo um regime de repartição contemporânea, pode gerar excedentes ou défices em cada ano. Como tal, deve haver um fundo de estabilização que acumule reservas nos anos de maiores receitas contributivas – quando há mais crescimento da massa salarial – e as utilize nos anos em que há menos. No longo prazo, a despesa com pensões iguala o valor das contribuições, desde que a taxa de remuneração utilizada seja a da taxa de crescimento das contribuições. O uso da esperança de vida à idade da reforma para o cálculo das prestações é um elemento importante para a sustentabilidade, dando origem a reduções na taxa de substituição das pensões perante o aumento da longevidade. Este regime de pensões é, assim, particularmente adequado para lidar com o envelhecimento demográfico. Mas um sistema de capitalização virtual é financeiramente insustentável se não houver ajustamentos permanentes de modo que a taxa de remuneração seja igual à taxa de crescimento das receitas das contribuições, isto é, de cada vez que haja mudanças no crescimento da população empregada, no crescimento da produtividade ou na idade de reforma (Oksanen, 2002). De igual forma, a suscetibilidade a pressões de grupos de interesse não é exclusiva do sistema de repartição contemporânea, dado que a taxa de remuneração das contribuições no sistema de capitalização virtual é convencionada politicamente.

5.3. *Transição para um sistema de capitalização*

No sistema puro de capitalização de contribuição definida, cada indivíduo contribui para um fundo enquanto trabalha, recebendo as prestações na proporção do que contribuiu, sem qualquer redistribuição. Mais especificamente, para cada indivíduo, o valor acumulado esperado das prestações a receber durante a reforma é igual ao valor acumulado e atualizado das contribuições feitas ao longo da vida. Neste regime, a remuneração das contribuições é dada pela aplicação dos fundos de pensões no mercado financeiro. Como vimos anteriormente, isto difere do regime de repartição contemporânea, em que a remuneração das contribuições é dada pelo crescimento da base salarial, uma vez que, mantendo a mesma taxa de contribuição, o valor que vai servir para as pensões da geração seguinte varia consoante a massa salarial da geração que está no mercado de trabalho. Como é frequente a taxa de remuneração das aplicações no mercado financeiro ser superior à taxa de crescimento da massa salarial, sobretudo numa sociedade envelhecida em que o número de empregados dificilmente cresce, torna-se um argumento muito usado para defender a transição para um sistema de capitalização. E foi um argumento particularmente forte numa altura em que as taxas de juro eram elevadas e os mercados de capitais estavam em alta. Há que referir que a remuneração das contribuições será deduzida dos custos de gestão de fundos, podendo ser muito significativos nalguns casos. O argumento passou a ser muito menos usado desde a crise financeira iniciada em 2008, a qual expôs a suscetibilidade deste regime às oscilações do mercado. Quem teve o azar de se reformar quando o fundo de pensões registava elevados prejuízos foi muito afetado. Mesmo que a rendibilidade dos fundos de pensões volte a ser alta, fica a consciência de que o risco de maus desempenhos é suportado pelos trabalhadores e de que muitos anos de ganhos podem ser perdidos num só ano de crise (Castanheira & Galasso, 2011). Dada a equivalência entre o valor a que o pensionista tem direito e o que descontou para o sistema, as reformas antecipadas não criam défices no sistema, assim como ter trabalhadores a trabalhar mais tempo não cria excedentes.

Se um sistema é de repartição contemporânea, numa fase em que a população empregada cresce mais do que a população reformada, com as mesmas contribuições as prestações podem ser maiores do que num sistema de capitalização, em que cada geração contribui para a sua própria reforma. Numa fase de envelhecimento avançado da população, quando a população reformada cresce mais do que a população empregada, o sistema de repartição contemporânea proporciona menores prestações para o mesmo nível de contribuições.

Um dos principais argumentos contra a passagem de um regime de repartição para um de capitalização é a dificuldade da transição. Haveria uma geração de trabalhadores que teria de contribuir simultaneamente para as pensões dos que estavam a reformar-se, ainda sob um regime de repartição contemporânea, e para as suas próprias pensões, já num regime de capitalização. Para essa geração não ficar em tal inaceitável situação, o Estado teria de financiar parte dos custos. No entanto, isso corresponderia a aumentar os impostos, sobrecarregando na mesma a geração ativa, ou a criar dívida, passando os custos para gerações futuras e ficando estas com o duplo encargo.

Dos tipos de ajustamento referidos, alguns podem ser considerados mecanismos de reequilíbrio automático, ou seja, são regras de ajustamento que se destinam a assegurar um equilíbrio entre ativos (contribuições e fundo de reserva) e responsabilidades (prestações atuais e futuras) do sistema, com o intuito de compensar os efeitos da demografia e da economia. Dado que são automáticos, não dependendo repetidamente da decisão política, uma vez implementados são menos dependentes de pressões de grupos e são mais credíveis, embora possam sempre ser suspensos. Os ajustamentos que podem ser considerados mecanismos automáticos de ajustamento são: (i) os que fazem depender o valor das prestações da esperança de vida – quer em sistemas de benefício definido, como é o caso de Portugal, quer nos regimes de capitalização virtual; (ii) os que fazem depender a valorização dos salários até ao momento da reforma da evolução dos contribuintes ativos – por exemplo, no Japão – e a indexação das pensões de indicadores de sustentabilidade – caso da Suécia; (iii) os que fazem depender a idade estatutária de reforma da esperança de vida – por exemplo, Portugal e Itália; e (iv) os que ajustam as taxas de contribuição de forma a garantir a sustentabilidade – como a Alemanha e o Canadá.

A ligação da esperança de vida à idade de acesso à reforma é menos comum do que a ligação ao nível das prestações. No entanto, se a ligação for ao nível das prestações, podendo as pessoas continuar a reformar-se com a mesma idade, consoante aumenta a esperança de vida diminuem as pensões. Em princípio, o incentivo financeiro deve ser o suficiente para que optem por trabalhar durante mais algum tempo, contudo, com a ligação da idade estatutária de reforma à esperança de vida, esse resultado é reforçado.

6. As tendências

Os sistemas públicos de pensões europeus desenvolveram-se sobretudo após a segunda guerra mundial. Na segunda metade do século XX, institucionalizou-se a existência de um período de reforma como fase final do ciclo de vida. Até meados da década de 1990, a generosidade dos sistemas foi crescente, com aumentos do tempo passado na reforma e das próprias prestações recebidas. Desde essa altura, o panorama das pensões públicas na Europa tem sofrido fortes alterações.

Na década de 1990, os sistemas públicos de pensões eram maioritariamente contributivos, de repartição contemporânea e de benefício definido. Os sistemas privados de pensões tinham pouca relevância, com exceções como o Reino Unido e a Holanda. Os finais da década de 1980, e sobretudo a década de 1990, foram marcados pela consciencialização da necessidade de ajustamento dos sistemas e pela aplicação de inúmeras inovações.

Em 1994, com a publicação do relatório *Averting the Old Age Crisis*, o Banco Mundial defendeu a criação de um sistema com vários pilares. O primeiro pilar correspondia ao regime de solidariedade, não contributivo. Na sugestão do relatório, esse regime deveria ser constituído por uma pensão básica igual para todas as pessoas em idade de reforma, independente dos seus recursos e historial de trabalho – seria assumidamente de gestão pública. O segundo pilar correspondia ao regime contributivo obrigatório e, naquele documento, o Banco Mundial encorajava o recurso à gestão privada e financiamento por capitalização. O terceiro pilar correspondia a um regime contributivo voluntário, para quem quisesse complementar o rendimento gerado no âmbito dos outros dois pilares – seria necessariamente de capitalização e possivelmente de gestão privada. Defendia-se a separação da função de proteção contra a pobreza e de redistribuição da função de seguro social e de alisamento do consumo. Mais tarde, em 2005, o Banco Mundial apresentou outro relatório, produzido por Holzmann, Hinz e a sua equipa – *Old Age Income Support in the 21st Century: An International Perspective on Pension Systems and Reform* –, no qual foram identificados cinco pilares: o pilar zero, não contributivo; o primeiro pilar obrigatório, contributivo, de benefício definido ou de contribuição definida em capitalização virtual; o segundo pilar obrigatório, de capitalização; o terceiro pilar voluntário; e o quarto pilar não financeiro, da família, que inclui o acesso a programas e serviços sociais e a transferências privadas. Este último pilar não se pode considerar propriamente como sendo de pensões, mas mais como um complemento das pensões, isto é, representando fontes adicionais de rendimento na reforma. Um sistema não teria necessariamente de conter os cinco pilares, mas é na combinação de vários pilares que se tira partido da diversificação: os benefícios construídos com base em cada pilar, estando sujeitos a riscos diferentes e pouco correlacionados, permitem uma redução do nível de risco global (Holzmann & Hinz, 2005).

Além do Banco Mundial, que criou o quadro de múltiplos pilares, também a OCDE optou por uma distinção de níveis, que mais não fazem do que distinguir as pensões de acordo com certos critérios, incluindo, num dos níveis, pensões não contributivas cuja função é o alívio da pobreza. Na classificação da OCDE (2005), as pensões que se destinam a garantir o nível mínimo de consumo e a redução de pobreza são as de primeiro nível; as pensões que têm função de alisamento do consumo são de segundo nível.

Em todas estas propostas, chamava-se a atenção para a necessidade de as pessoas aumentarem as suas poupanças individuais com o objetivo de complementar o que irão receber por via das pensões dos pilares obrigatórios. Incentivou-se a criação voluntária de poupanças, surgindo assim mais fundos privados de pensões.

A discussão realizada sobre as reformas desejáveis colocava a ênfase na passagem a contribuição definida, no financiamento por capitalização e na gestão privada. Vários países, sobretudo do leste da Europa, introduziram esquemas complementares obrigatórios de pensões privadas em regime de capitalização. Nestes países, a recente adesão à UE criou expectativas de elevado crescimento e a mudança de paradigma económico fez com que movimentos de privatização fossem vistos como processos de modernização.

Com os grandes objetivos de aumentar a sustentabilidade financeira dos sistemas e os incentivos para manter as pessoas no mercado de trabalho, a tendência geral foi a modificação dos sistemas de forma que fosse aumentada a relação entre as prestações recebidas e as contribuições efetuadas, tornando-os mais próximos de um mecanismo de poupanças individuais e reduzindo a sua função de redistribuição. Esta última ficou mais associada aos pilares não contributivos e financiada pelos impostos. Enfatizou-se a necessidade de ter fundos de reserva nos sistemas públicos de pensões. Em Portugal, o Fundo de Estabilização Financeira da Segurança Social foi criado em 1989.

O aumento da idade da reforma para se poder receber a pensão completa foi quase generalizado e procurou-se igualizar a idade da reforma para homens e mulheres. Dificultou-se também o acesso às reformas antecipadas, que antes tinham sido amplamente usadas na gestão da mão de obra. Adicionalmente, vários países aumentaram o período de carência ou prazo de garantia e recompensaram o trabalho além da idade estatutária, de modo que os trabalhadores mais velhos se mantenham no mercado de trabalho.

Outro elemento muito presente no sistema de reformas dos vários países foi a alteração nas regras de valorização dos salários e da indexação das pensões. Na UE, a maioria dos países não indexa as pensões aos salários, mas a um misto de preços e salários ou preços e crescimento do PIB, o que, como observámos, tende a reduzir o valor das pensões comparativamente com os salários. Nalguns casos, optou-se pela introdução de mecanismos de equilíbrio automático, como o fator de sustentabilidade em Portugal, fruto da reforma da Segurança Social de 2007. Este mecanismo faz ajustamento do valor da pensão pelo aumento da esperança média de vida. Desta forma, o risco de aumento de longevidade da geração passou a ser suportado pelos seus membros. Países tão diversos como a Suécia, a Itália, a Polónia, a China, o Quirguistão, a Letónia e a Mongólia adotaram sistemas de capitalização virtual ou com traços desse tipo de sistema. Já as taxas de remuneração adotadas diferiram de uns países para os outros.

Apesar de ter havido alguma defesa do sistema de capitalização pura, por não colocar problemas de sustentabilidade financeira, os países com maiores dificuldades não adotaram essa via, antes procuraram adaptar os seus sistemas mantendo o tipo de financiamento como de repartição contemporânea. A crise financeira, que se iniciou em 2008 e prosseguiu com a subsequente crise orçamental, ajudou ao reconhecimento dos excessivos riscos que o sistema de capitalização pura acarretava quanto ao valor das prestações de que os reformados viriam a usufruir, dada a sua dependência do desempenho dos mercados financeiros. Adicionalmente, tornou-se mais difícil acomodar no orçamento os incentivos fiscais aos planos individuais de poupança para a reforma. O aumento do desemprego também dificultou a contribuição voluntária para fundos de pensões. Na verdade, a crise provocou uma certa alteração na direção da restruturação das pensões. Além da suspensão ou reversão na tendência para a capitalização, aceleraram-se os ajustamentos paramétricos anteriores, que estava previsto serem introduzidos gradualmente, passando a aplicar-se mesmo a trabalhadores próximo da reforma ou já reformados. O objetivo foi lidar com as dificuldades orçamentais agravadas pela crise. Este caminho foi seguido sobretudo nos países mais afetados pela crise, nomeadamente Portugal, onde houve congelamentos de pensões, suspensão da indexação e criação de um imposto sobre pensões a partir de determinado valor – a contribuição extraordinária de solidariedade – destinado a financiar as despesas do sistema. Este foi criado com carácter temporário em 2011, mas ainda persiste, apesar das suas regras terem vindo a alterar-se. Corresponde efetivamente a um corte nas pensões em termos nominais aplicado a pensões acima de determinado valor.

Em Portugal, o indexante das pensões não era atualizado desde 2009, o que significa que o valor das prestações dos atuais reformados esteve a diminuir em termos reais, embora a taxa de inflação tenha estado baixa. A Grécia, a Áustria e a Eslovénia também recorreram a este tipo de congelamentos. Em vários países, criaram-se mecanismos automáticos de cálculo do indexante para estabelecer uma relação entre a evolução do valor das prestações e o desempenho financeiro do sistema. Em Espanha, por exemplo, decidiu-se que o ajustamento anual vai depender, entre outras variáveis, da relação entre as contribuições e a despesa em pensões (OCDE, 2015). Continua assim a aumentar a divergência entre pensões e salários. A Finlândia e a Austrália também agravaram a tributação sobre as pensões. Noutros países, como a França, o Canadá, e a Finlândia, as contribuições aumentaram sem o correspondente aumento das prestações (OCDE, 2014). Com a crise, continuou a apostar-se no prolongamento da permanência no mercado de trabalho.

As reformas ocorridas nas últimas décadas têm tido efeitos positivos na sustentabilidade do sistema de pensões e na manutenção dos trabalhadores mais velhos no mercado de trabalho. Cada vez mais países têm idades oficiais de reforma acima dos 65 anos. Em 2015, a idade estatutária de reforma mais elevada era de 67 anos – para ambos os sexos na Islândia e na Noruega, e para os homens em Israel (OCDE, 2015). Apesar de o aumento da idade estatutária de reforma não implicar necessariamente que as pessoas se reformem verdadeiramente mais tarde, tem-se observado uma convergência entre as idades oficial e efetiva de reforma. Em Portugal, em 2014, a idade efetiva de saída do mercado de trabalho era até superior à idade estatutária de reforma (OCDE, 2015).

O Relatório sobre o Envelhecimento de 2015, elaborado pela Comissão Europeia, faz projeções até 2060 que mostram que as reformas levadas a cabo têm vindo a surtir efeitos positivos sobre a sustentabilidade financeira de muitos dos sistemas de pensões europeus. Relativamente a Portugal, projeta-se, entre 2013 e 2060, uma ligeira redução (de 0,7%) do peso da despesa bruta com as pensões (todas, não apenas de velhice) no PIB, embora continue a aumentar até 2033, ano em que se projeta um aumento de 1.2% relativamente a 2013. Esta trajetória de aumento inicial seguido de redução resulta de o efeito das reformas se fazer sentir mais consoante o tempo passa. A redução projetada para o peso das pensões de velhice é inferior; mais próxima de zero. O documento alerta para a forte dependência destas projeções da situação no ano base, 2013.

Contudo, apesar de o principal objetivo destas reformas ser a melhoria da situação financeira dos sistemas, começou a haver uma maior preocupação com a adequação (OCDE, 2015). A maioria dos ajustamentos efetuados com o objetivo de aumentar a sustentabilidade financeira – sobretudo os que reduzem o valor das prestações recebidas – tem efeitos negativos sobre a adequação. A introdução de esquemas de rendimento mínimo teve por objetivo colmatar os efeitos da redução da generosidade dos sistemas nos mais desfavorecidos. Adicionalmente, algumas modificações sociais e económicas aumentaram a preocupação com a vulnerabilidade à pobreza de alguns grupos quando chegarem à velhice. Para Portugal, o Relatório sobre o Envelhecimento de 2015, da Comissão Europeia, projeta uma redução de 15.8 pp no rácio entre o benefício médio das pensões e o salário médio, entre 2013 e 2060. E para a União Europeia como um todo, a redução projetada é de 9 p.p.. Só a Dinamarca e o Luxemburgo escapam a esta descida na posição relativa dos pensionistas.

A necessidade de ter em conta a irregularidade das trajetórias de emprego é cada vez mais premente dada a crescente precariedade do trabalho, a maior dificuldade dos jovens ingressarem no mercado de trabalho e a maior pressão para a atualização dos conhecimentos e de formação ao longo da vida. Alguns países ajustaram o cálculo das pensões de forma que se reduza o impacto nas prestações recebidas dos anos em que houve interrupção do trabalho, por razões como o desemprego, a educação, a formação profissional ou a maternidade (Canadá e França); ou passaram a permitir aos trabalhadores o pagamento de contribuições correspondentes aos períodos de interrupção para conseguirem aceder à pensão (Japão). Contudo, a maioria dos países que atribuía equivalência a períodos contributivos aos anos como estudantes do ensino superior está a abolir essa medida, por se entender que essas pessoas provavelmente já serão favorecidas ao longo da vida com salários superiores (OCDE, 2015).

Nalguns países, deu-se um aumento das prestações dos níveis mais baixos (Irlanda e Luxemburgo); outros, com sistemas de contribuição definida, aumentaram as taxas de contribuição com um correspondente aumento nas prestações recebidas (Austrália, Israel). Houve reduções pontuais na tributação das pensões – por exemplo, em Portugal, a contribuição extraordinária de solidariedade passou a ser aplicada a pensões mais altas do que antes, e a Suécia reduziu a tributação dos rendimentos das pessoas mais velhas em 2014. Existem ainda países onde se baixou a idade da reforma para pessoas com carreiras contributivas especialmente longas (França, Alemanha).

7. As reformas na opinião pública

A existência de um Estado-providência europeu e de sistemas de pensões generosos foi um elemento histórico de estabilidade social e de criação de bem-estar. Contudo, o avolumar de despesa daí resultante, agravado pelos fatores que já analisámos em secções anteriores, põe em causa a sua sustentabilidade.

A discussão sobre a reforma das pensões suscita frequentemente acaloradas reações, o que é compreensível dada a importância que estas assumem na composição do rendimento disponível das famílias com pensionistas e, consequentemente, no seu bem-estar. Há quem defenda que não há verdadeiramente necessidade de reformar o sistema de pensões e que isso é apenas resultado de impulsos neoliberais. Ouve-se o argumento de que o envelhecimento da população é muito gradual e de que, se há mais reformados, eles já descontaram para a sua própria reforma, não existindo, portanto, um problema demográfico. Como vimos anteriormente, o efeito cumulativo da evolução demográfica gradual acaba por corresponder a uma forte alteração da proporção dos que, em cada momento, contribuem para o financiamento do sistema e dos que recebem pagamentos do sistema. Ora, no sistema de repartição contemporânea, os pensionistas não descontaram efetivamente para a sua reforma, mas para financiar a reforma da geração anterior. Os defensores desta ausência de problema também não costumam simpatizar com os sistemas de capitalização em que cada pensionista desconta para a sua própria reforma.

Dado que as reformas económicas, mesmo quando necessárias, são desestabilizadoras, os decisores de política económica têm de ponderar os custos e os benefícios de as levar a cabo. Uma dificuldade com a reforma da segurança social, tendo por objetivo garantir a sua sustentabilidade, é que os custos de não a fazer são sentidos a um prazo mais distante – quando deixar de ser possível pagar pensões – do que os custos de a fazer – com reduções nos valores das pensões, maior esforço de financiamento e/ou aumento da idade de reforma. E o ciclo eleitoral é relativamente curto. Se as reformas forem muito contestadas e não se gerarem consensos, corre-se o risco de não chegarem a ser feitas ou, alternativamente, de os decisores políticos desfazerem o que os seus predecessores fizeram, de forma que obtenham maior popularidade. Por isso, a aplicação das reformas depende, em grande parte, da sua sustentabilidade política e esta, por sua vez, resulta do apoio que os decisores conseguem obter da opinião pública, assim como da capacidade de organização dos opositores.

As sondagens à opinião pública na Europa evidenciam sistematicamente uma forte resistência às reformas nas pensões, embora possa haver variações quer a nível dos países, quer dos indivíduos (Janky & Gál, 2009). Uma hipótese razoável é a de que os indivíduos procuram em primeiro lugar o seu interesse próprio, logo, oferecem maior resistência às reformas que mais negativamente os afetam. Assim, as gerações já reformadas devem opor-se sobretudo às medidas que conduzam a uma redução nas prestações (cortes ou alterações na indexação), enquanto as gerações ativas no mercado de trabalho se oporão mais ao aumento da idade da reforma ou das contribuições e impostos. É natural esperar que países com menor taxa de substituição, assim como os indivíduos de menores rendimentos, ofereçam maior resistência ao corte nos benefícios; que países com idades de reforma menores, assim como os indivíduos já reformados, prefiram um aumento desse valor; e que países com taxas de contribuição muito altas, assim como as gerações mais novas, sejam mais relutantes em aceitar subidas (Boeri *et al.*, 2002; Naumann, 2014).

Contudo, muito pouco se sabe sobre o interesse próprio como principal responsável pela constituição das atitudes relativamente aos tipos de medidas. A ideologia e a adesão a diferentes princípios de solidariedade são, com certeza, relevantes. No início do milénio, tiveram lugar vários inquéritos com o objetivo de perceber como se desenhavam as preferências perante cada tipo de medida – o mais detalhado foi provavelmente uma edição especial do Eurobarómetro (Frommert *et al.*, 2009) –, mas a crise que entretanto teve lugar e o discurso institucional dos líderes de opinião podem já ter influenciado o quadro de atitudes de então. Na altura, a categoria que colhia maior desagrado era o aumento da idade da reforma, embora fosse muito apreciada a possibilidade de se escolher continuar a trabalhar depois da idade estatutária de reforma. Também em Portugal o aumento da idade da reforma era a medida mais impopular. Apesar disso, Portugal era um dos países analisados que apresentava maiores taxas de aprovação dessa medida. Já com o aumento das contribuições se passava exatamente o contrário: sendo uma das medidas com menor aversão, em Portugal recebia um apoio menor comparativamente aos outros países Europeus (Frommert *et al.*, 2009). Curiosamente, não se encontrou prova suficiente de que as opiniões dos mais velhos e dos mais novos fossem radicalmente diferentes, o que levanta dúvidas sobre o princípio do interesse próprio como critério principal para as pessoas se posicionarem em relação às medidas.

O debate sobre a sustentabilidade do sistema de pensões começou por atender apenas aos critérios de sustentabilidade financeira. Contudo, tem vindo a reconhecer-se que para as reformas, cujo objetivo é aumentar a sustentabilidade financeira, serem possíveis e façam sentido, têm de dar origem a situações justas, ser cumpridoras dos objetivos de proteção financeira dos mais velhos e ser aceites pela sociedade. A sustentabilidade social – isto é, a viabilidade da manutenção das relações entre os diversos grupos sociais – e do sistema de pensões resulta da existência de benefícios adequados e de justiça intergeracional. Para que se mantenha a coesão social e para que a relação entre gerações seja mutuamente benéfica, não se pode perder a noção de solidariedade. Ou então, corre-se o risco de nenhuma reforma ser politicamente possível.

O nível de informação sobre a situação do sistema e as alternativas possíveis aumenta a aceitação da necessidade de ajustamentos (Boeri & Tabellini, 2012), nomeadamente a aceitação do aumento da idade da reforma (Fernández & Jaime-Castillo, 2013; Naumann, 2014). Assim, há que informar e tornar as reformas transparentes, para que os cidadãos entendam, participem de forma construtiva na discussão do futuro e aceitem os custos inevitáveis.

8. Desafios e direções

Na maioria dos países desenvolvidos, o sistema de pensões tem desempenhado um papel fundamental na promoção da segurança económica na velhice e, especificamente, na redução da pobreza das gerações mais velhas. Apesar da sua inegável importância, o envelhecimento da população, o fraco crescimento económico e as crescentes dificuldades orçamentais têm criado objeções quanto ao seu financiamento, de tal modo que a reforma do sistema se tornou inevitável.

Desde o início da década de 1990 que o debate sobre os mecanismos de reforma e do formato ideal para os sistemas de pensões tem sido intenso. As respostas são diversas e a mistura de elementos capaz de aumentar a sustentabilidade financeira é variável. Contudo, as variações situam-se em torno de um conjunto composto por redução das prestações auferidas pelos pensionistas, aumento das contribuições e impostos, e extensão do tempo de permanência no mercado de trabalho. Quer a introdução destas medidas seja feita através de alterações paramétricas no sistema existente, quer se opte por alterar radicalmente o sistema (alterando a forma de financiamento ou o tipo de prestação), de modo que se desenvolva a sua sustentabilidade sem substanciais aumentos de produtividade e de criação de riqueza que alarguem a base contributiva, algum ou alguns daqueles efeitos tem de ocorrer. Todos os efeitos constituem custos para alguém.

A discussão sobre a necessidade de introdução daquelas três categorias de medidas é frequentemente feita pressupondo a manutenção do sistema de financiamento de repartição contemporânea de benefício definido, isto é, calculando o valor das pensões com base na idade e nos salários auferidos, com uma exigência quanto ao número de anos de trabalho. Contudo, a opção por um regime de capitalização pura ou de repartição contemporânea de capitalização virtual acaba por ter de incorrer em custos do mesmo teor. No processo de transição para um sistema de capitalização pura, um setor da população ainda desconta para a reforma das gerações anteriores, mas já não terá quem desconte para a sua. Eles próprios descontam para a sua reforma. Dada a injustiça e inviabilidade de tal solução, a transição terá de ser financiada pelo Estado, o que corresponderá a um aumento da carga tributária das gerações chamadas a contribuir para esse financiamento. A transição para um sistema de repartição contemporânea de capitalização virtual evita estes custos de transição, mas só melhora a sustentabilidade do sistema porque comporta em si elementos que automaticamente conduzem à redução das prestações.

A asseveração de que a reposição da sustentabilidade do sistema de pensões se consegue com custos, e de que estes custos têm de ser repartidos pelas gerações, explica as reações de descontentamento das populações quando se tentam introduzir as medidas de reforma. Apesar de ser dominante a preferência pela manutenção do sistema e de se reconhecer que para assegurar a sua viabilidade são necessários ajustamentos, trata-se de discutir como e quem os vai custear. A constatação de que a sustentabilidade dos sistemas de pensões pode ser obtida por várias vias não implica que a escolha entre elas seja indiferente. Há diferenças na repartição dos custos e dos riscos entre pensionistas e restante sociedade, entre gerações presentes e gerações futuras. Apesar de a necessidade de fazer escolhas poder proporcionar um clima de conflito intergeracional, a verdade é que o bem-estar das diferentes gerações está interligado. Constantemente se esquece a relevância das transferências intergeracionais privadas. A maior generosidade do sistema de pensões permite que as gerações mais novas tenham um menor envolvimento direto na garantia das condições de vida dos seus idosos e que possam mesmo ser beneficiárias líquidas das transferências entre gerações. Por isso, mesmo que fossem os pensionistas a sofrer todos os custos diretos das reformas de pensões, isso não implicaria que as gerações mais novas não se sentissem atingidas.

As várias opções apresentam também diferenças quanto aos incentivos ao trabalho e à criação de emprego, assim como quanto ao grau de transparência. A relação do sistema de pensões com o funcionamento do mercado de trabalho permite introduzir incentivos à participação neste mercado, cujo objetivo de estímulo económico vai além da sustentabilidade do sistema de pensões. O reforço do princípio da contributividade, isto é, do condicionamento do recebimento de benefícios à prévia contribuição para o sistema, tem diversas vantagens: primeiro, apela ao sentido de justiça próprio do funcionamento dos mercados, pois recebe-se na proporção do que se dá, remunera-se o mérito; segundo, dá sentido aos descontos ao longo da vida, pois o nível de prestações recebidas na reforma resulta do que se foi retirando aos rendimentos correntes; e terceiro, desincentiva a evasão aos pagamentos à segurança social, que pode ser um problema nalguns países.

A relação próxima entre o nível das prestações recebidas e as contribuições efetuadas torna, até certo ponto, o sistema mais sustentável em termos financeiros, já que, por esta via, os pagamentos do sistema são em função dos recebimentos. Porém, é necessário não esquecer que esta característica tende a excluir do sistema todos os que não conseguiram ter uma carreira contributiva regular e suficientemente longa, os quais não podem ser deixados desprotegidos. A probabilidade de se cair neste grupo tem aumentado nos últimos tempos com a proliferação do trabalho temporário, de estágios sucessivos e do desemprego jovem. Além do mais, aumentar o tempo de vida ativa no mercado de trabalho pode ser uma parte importante da solução, mas há que reconhecer que não é uma possibilidade para todos. O aumento da idade mínima para que alguém se possa reformar ou da idade para se poder auferir da pensão completa também aumenta o risco de, por contingências várias, não se conseguirem preencher os requisitos. Há quem não tenha condições de saúde e há quem queira trabalhar e não encontre trabalho. Assim, haverá uma maior necessidade de usar os impostos para financiar pensões não contributivas ou complementos de reforma que assegurem um nível de vida mínimo. Deve cuidar-se para que haja pensões de incapacidade adequadas, embora bem controladas, para que não se generalizem abusos. A pressão financeira sobre as pensões pode deslocar-se entre a componente contributiva e não contributiva, mas não desaparece na totalidade.

Um sistema de pensões pretende gerar segurança. Para que ele seja financeiramente sustentável, não apenas em fases de elevado crescimento económico e de elevada produtividade mas no longo prazo e para que as gerações mais novas possam acreditar que também vão auferir dos seus benefícios, as regras têm de ser desenhadas de forma credível. É necessário que se façam avaliações atuariais cuidadosas e se definam com clareza quais os parâmetros e mecanismos de equilíbrio que têm de existir, para que no futuro as pessoas continuem a poder contar com pensões de reforma. Simular o resultado de diferentes condições económicas e demográficas com diferentes desenhos de sistema ajuda a identificar o que se ganha e o que se perde em cada caso. É provável que, não se sabendo ao certo quem ganha e quem perde, a resistência à mudança seja menos vincada. Mas para que se possa ter confiança no sistema renovado, há que perceber que implicações tem a conciliação entre a sustentabilidade financeira e a adequação do sistema em termos de transferências intergeracionais, e promover a partilha solidária dos custos. Há reconhecidamente *trade-offs* – as preferências políticas podem valorizar mais umas soluções do que outras – mas há que incluir a credibilidade e a transparência nos valores a assegurar. Quando as regras são labirintos confusos que, para mais, mudam todos os anos, os cidadãos não podem planear a sua reforma e têm dificuldade em responder adequadamente aos incentivos que possam existir. É necessário criar consensos para que as reformas sejam duradouras e haja estabilidade. E estabilidade não significa imutabilidade; significa, acima de tudo, previsibilidade. Se houver regras de ajustamento, a adaptação a situações que mudam acontece, mas as regras têm de ser pensadas de tal forma que acomodem contextos económicos e demográficos distintos e que não precisem de ser alteradas.

Os trabalhadores têm de conhecer as opções de que dispõem e quanto receberão exatamente em função da idade e dos anos de trabalho com que se reformarem. É importante que a decisão sobre o momento em que deve ocorrer a reforma, e sobre a necessidade de ir poupando para essa fase, seja corretamente feita. Até porque o mais habitual é o processo de reforma acontecer apenas uma vez na vida de cada indivíduo, o que não permite que se aprenda com os erros. Nalguns países, os trabalhadores acedem a uma informação anual personalizada que esclarece qual o valor previsto para a sua pensão, dada a sua história de contribuições e rendimentos auferidos, no caso de se reformarem na idade estatutária ou com idades alternativas. Isto não elimina a utilidade de se ter um sistema simples, mas é um fator adicional de criação de condições para decisões acertadas.

Os indivíduos diferem na forma como valorizam o trabalho e o lazer, de acordo com gostos e circunstâncias pessoais distintos. O prolongamento da vida ativa pode contribuir para o aumento da adequação das pensões de uma fatia considerável da população, mas é conveniente que haja alguma flexibilidade de escolha, desde que seja consciente e informada. É igualmente desejável que a transição do trabalho para a reforma possa ser gradual. Não basta incentivar os trabalhadores a querer continuar a trabalhar, é igualmente necessário que o mercado de trabalho os procure e lhes dê condições para nele permanecerem. O desemprego de longa duração afeta particularmente os trabalhadores mais velhos que, com reduzida empregabilidade, ficam mais vulneráveis à reforma mais tardia. É reconhecidamente incorreta a ideia de que é preciso que os mais velhos se reformem para dar emprego aos mais novos. Por isso, a manutenção dos trabalhadores mais velhos é justificada e tem de passar pela sua não discriminação e pelo aumento da sua empregabilidade, nomeadamente continuando a apostar na sua formação e atualização. É preciso complementar a política de pensões com a política de emprego.

Para que o sistema de pensões seja socialmente sustentável e cumpra as importantes funções de seguro social e de proteção da pobreza, tem de se assegurar a sua manutenção, não fazendo promessas impossíveis de cumprir, mas assegurando simultaneamente a sua adequação. A recuperação da sua credibilidade junto dos cidadãos é um dos grandes desafios das sociedades atuais.

Bibliografia

Allianz, *Pension Sustainability Index*, Allianz International Pension Papers, nº 1, Munique, 2014.

Banco Mundial, *Averting the Old Age Crisis: Policies to Protect the Old and Promote Growth*, Washington D. C., World Bank, 1994.

Barr, Nicholas; Diamond, Peter, «Reforming pensions: principles, analytical errors and policy directions», *International Social Security Review*, vol. 62, nº 2, 2009, pp. 5-29.

Boeri, Tito; Boersch-Supan, Axel; Tabellini, Guido, «Pension Reforms and the Opinions of European Citizens», *American Economic Review*, vol. 92, nº 2, Pittsburgh, 2002, pp. 396-401.

Bosworth, Barry; Burtless, Gary; Zhang, Kan, *Later Retirement, Inequality in Old Age, and the Growing Gap in Longevity Between Rich and Poor*, Washington D. C., Brookings Institution, 2016.

Casey, Bernard,«From pension funds to piggy banks: (perverse) consequences of the Stability and Growth Pact since the crisis», *International Social Security Review*, vol. 67, nº 1, 2014, pp. 27-48.

Castanheira Micael; Galasso, Vincenzo, «Which reforms for a fair and sustainable pension system?», *Reflets et Perspectives de la Vie Économique*, 3 (Tome L), 2011, pp. 187--202. Doi: 10.3917/rpve.503.0187

Cichon, Michael; Scholz, Wolfgang; Meerendonk, Arthur van de; Hagemejer, Krzysztof; Bertranou, Fabio; Plamondon, Pierre, *Financing Social Protection*, Genebra, International Labour Office, 2004.

Clements, Benedict; Coady, David; Eich, Frank; Gupta, Sanjev; Kangur, Alvar; Shang, Baoping; Soto, Mauricio, «The challenge of public pension reform in advanced and emerging economies», *International Monetary Fund Occasional Paper*, nº 275, Washington D.C., 2013.

Coelho, Miguel, «Balanced Conditions of a Pay as You Go Public System with Defined Benefit», *Documentos de Trabalho em Economia*, nº 63, Aveiro, Universidade de Aveiro, 2013.

Comissão Europeia, *The 2015 Ageing Report: Economic and Budgetary Projections for the 28 EU Member States (2013-2060)*, 2015. Disponível em http://europa.eu/epc/pdf/ageing_report_2015_en.pdf

D'Addio, Anna Cristina; Whitehouse, Edward, «Towards financial sustainability of pension systems: the role of automatic-adjustment mechanisms in OECD and EU countries», *Organization for Economic Cooperation and Development Forschungsbericht*, nº 8, 2012.

Disney, Richard, «Crises in public pension programmes in OECD: What are the reform options?», *The Economic Journal*, vol. 110 (461), Londres, 2000, pp. 1-23.

Eriksson, Karin; Jäntti, Markus; Lindahl, Lena; Torssander, Jenny, «Trends in life expectancy by income and the role of specific causes of death», *Swedish Institute for Social Research*, nº 8, Estocolmo, Universidade de Estocolmo, 2014.

Fernández, Juan; Jaime-Castillo, Antonio, «Positive or negative policy feedbacks? Explaining popular attitudes towards pragmatic pension policy reforms», *European Sociological Review*, vol. 29 (4), Oxford, 2013, pp. 803-815.

Ferrara, Cinzia; Ferrara, Giovanna, *The sustainability of pension systems: new indicators*, 2014. Disponível em: https://cas.confex.com/cas/ica14/webprogram/Session6013.html

Frommert, Dinna; Hofäcker, Dirk; Heien, Thorsten; Andress, Hans-Jürgen, «Pension systems and the challenge of population ageing: what does the public think?», *in* Ricca Edmondson & Hans-Joachim Kondratowitz (eds.), *Ageing, Wisdom, Norms and Values: Towards a Humanist Gerontology*, Bristol, Policy Press, 2009.

Grech, Aaron George,«Assessing the sustainability of pension reforms in Europe», *Journal of International and Comparative Social Policy*, vol. 29, (2), 2013, pp. 143-162.

GRECH, Aaron George,«Pension policy design: the core issues», *Munich Personal RePEc Archive Paper*, 2014. Disponível em: http://mpra.ub.uni-muenchen.de/53662/

GRUBER, Jonathan; WISE, David, «Social security programs and retirement around the world: fiscal implications, introduction and summary», *National Bureau of Economic Research Conference Report*, Chicago, The University of Chicago Press, 2005.

HOLZMANN, Robert; HINZ, Richard, *Old-Age Income Support in the 21st Century: An International Perspective on Pension Systems and Reform*, Washington D. C., World Bank, 2005.

JANKY, Bela; GAL, Robert Ivan, *Opposition to pension reform: What do Europeans really oppose*, 2009. Disponível em: https://www.researchgate.net/publication/259591891_Opposition_to_Pension_Reform_What_Do_Europeans_Really_Oppose

MARTINS, Victor; PAIXÃO, Manuela; JUNQUEIRA, Vítor, *As Mutações do Mercado de Trabalho e a Reforma da Segurança Social*, Lisboa, Gabinete de Estudos e Planeamento do Ministério do Trabalho e da Solidariedade Social, 2008.

MENDES, Fernando Ribeiro, «Por onde vai a segurança social portuguesa?» *Análise Social*, vol. XXX (131-132), Lisboa, Universidade de Lisboa, 1995, pp. 405-429.

NAUMANN, Elias, *The Dynamics of Welfare Attitudes in Times of Welfare State Retrenchment*, 2014, dissertação da University of Mannheim.

OCDE, «Pension-system Typology», in *OECD Pensions at a Glance 2005: Public Policies across OECD Countries*, Paris, OECD Publishing, 2005. Disponível em: http://dx.doi.org/10.1787/pension_glance-2005-3-en

OCDE, *Pensions Outlook Report 2014: Post-crisis Pension Reforms*, Paris, OECD Publishing, 2014. Doi: 10.1787/pens_outlook-2014-5-en

OCDE (2015) *Pensions at a Glance 2015: OECD and G20 indicators*. Paris: OECD Publishing. Disponível em: http://dx.doi.org/10.1787/pension_glance-2015-en

OKSANEN, H. (2002), «Pension reforms: Key issues illustrated with an actuarial model» *Economic Papers European Commission*, 174.

QUEISSER, M., WHITEHOUSE, E. (2006). «Neutral or fair? Actuarial concepts and pension-system design» *OECD Social, Employment and Migration Working Papers*, 40. Disponível em: http://dx.doi.org/10.1787/351

RODRIGUES, C., ANDRADE, I. (2014). «Ageing and poverty: How older Portuguese adults became less poor in the noughties» *European Journal of Ageing, 11* (4), pp. 285-292.

NOTAS

[1] Em Portugal, havia dois planos de pensões: um para os funcionários públicos (a Caixa Geral de Aposentações) e outro para os trabalhadores do setor privado (a Segurança Social). Entretanto, unificou-se o sistema, mas apenas para novos pensionistas. Os funcionários públicos admitidos desde 2006 pertencem ao regime geral de Segurança Social. Dada esta limitação temporal, ainda se continuam a pagar pensões originárias dos dois regimes. As pensões não são todas de reforma (são também chamadas de velhice e de aposentação, conforme o contexto em que se aplicam), incluem igualmente as eventualidades de invalidez e de sobrevivência. Mas as despesas com pensões de velhice correspondem a cerca de três quartos do total (INE, Estatísticas da Proteção Social). Os pensionistas considerados na elaboração do Gráfico nº 1 são os que recebem pensões de reforma.

[2] O próprio envelhecimento da população transporta em si elementos que acabam por dificultar o crescimento económico. Numa fase inicial de envelhecimento da população o dividendo demográfico é positivo mas, a partir de certa fase, a redução da proporção de trabalhadores no conjunto da população atua negativamente sobre o crescimento económico. Há vários fatores associados ao fenómeno demográfico que podem reforçar ou suavizar este efeito negativo. Para uma análise da relação entre demografia e crescimento económico, pode ver-se: Albuquerque, Paula «Demographics and the Portuguese economic growth», *DE Working Papers*, Lisboa, Instituto Superior de Economia e Gestão, 2015.

HÁ VIDA ALÉM DA REFORMA?

António M. Fonseca

1. Porque nos interessamos pela reforma

Uma preocupação curiosa frequentemente encontrada entre aqueles que se interessam pelas questões do envelhecimento prende-se ao recurso à sua própria idade para legitimar o direito de falar ou escrever sobre o assunto. Muito embora o envelhecimento seja uma condição nunca experimentada até lá chegarmos, o ponto de partida deste capítulo é que todos nos deveríamos preocupar com a velhice e com aquilo que a envolve, uma vez que ou já lá estamos ou para lá caminhamos. Eu encontro-me neste segundo grupo e, se acrescentar que escrevi este texto na fronteira dos 50 anos de idade, tal poderá ajudar a compreender porque é que escrever sobre a reforma, na minha idade, implica necessariamente realçar também o significado do trabalho no decurso da vida humana.

Não sendo o envelhecimento populacional, em si mesmo, um problema, mas antes uma das principais conquistas da humanidade e uma realidade transversal às sociedades contemporâneas, qualquer discussão acerca da reforma não pode alhear-se de uma discussão mais ampla relativa à natureza e ao propósito do trabalho nos nossos dias. A reforma, entendida como a transição de uma atividade profissional remunerada para uma condição não profissional, na qual a pessoa vive com uma mistura de pensões e de poupanças individuais, é um conceito relativamente moderno, uma criação do século XX.

E se antigamente o tempo de reforma era breve, a tendência para uma reforma que dura muitos anos, em virtude do aumento da longevidade, obriga-nos a repensar não apenas os conceitos de reforma e de trabalho mas todo o ciclo de vida. Em vez de dividida de forma horizontal, tendo a idade cronológica por critério (um tempo para estudar, um tempo para trabalhar e, finalmente, um tempo para estar reformado), a vida passará a ser cada vez mais dividida verticalmente, com transições sucessivas em diferentes idades: entre trabalho e aprendizagem, entre trabalho e inatividade, entre diferentes modalidades de trabalho, entre trabalho parcial e reforma parcial, etc.

Certamente, em qualquer uma destas transições, teremos um papel cada vez mais ativo nas escolhas que fizermos. Mesmo que isso não seja assim tão verdade para as pessoas com menores habilitações, uma melhoria progressiva das qualificações académicas e profissionais fará com que as possibilidades de escolha aumentem e que as pessoas tendam a decidir o que fazer, não apenas em função de necessidades materiais mas também orientadas por motivações pessoais, onde variáveis como o bem-estar e a satisfação com a vida terão um papel preponderante na tomada de decisões. Trata-se de uma tendência crescente na geração dos que agora se reformam ou que simplesmente «mudam de vida» por altura da chamada meia-idade: pensar «também» no que é importante para si, no que se valoriza por opção própria.

Nos Estados Unidos, verifica-se uma enorme proliferação de websites, artigos de imprensa e livros com títulos sugestivos[1] que retratam esta tendência. Muitos deles são escritos por herdeiros da chamada *geração do baby-boom*, que atingem agora a reforma e nos falam de realidades novas a propósito da vida depois dos 60 anos, não significando necessariamente deixar de trabalhar, mas antes trabalhar de uma outra forma ou em algo completamente diferente da atividade profissional anterior. Em Portugal, também surgem cada vez mais exemplos de pessoas que, embora reformadas de uma anterior atividade profissional, escolhem assumir alguns riscos e vão à gaveta buscar projetos e sonhos que podem finalmente ser concretizados na reforma; já não uma reforma «para descansar» mas uma reforma «para encontrar» um outro sentido para a vida. Ao mesmo tempo, procura auxiliar-se as pessoas a planear – alguns falam mesmo em «salvar» – a reforma do ponto de vista financeiro.[2] Finalmente, a reforma já não é mais um acontecimento súbito que lança as pessoas para fora do mundo do trabalho, de um dia para o outro, aos 60 e muitos anos, podendo acontecer em idades variadas e de formas diversas, ora por vontade do próprio ora por imposição externa.

Ao contrário do que sucedia há umas décadas, a reforma deixou de ser uma regalia que poucos usufruem nos últimos anos de vida, sendo hoje encarada como um direito que todos os trabalhadores gozam, e por um número crescente de anos. Cada vez mais pessoas se reformam numa idade em que as atuais perspetivas de longevidade preveem mais 20-30 anos de vida saudável pela frente, pelo que faz todo o sentido encarar a «passagem à reforma» como algo que pode assinalar o início de uma nova etapa no desenvolvimento individual ou, pelo menos, como um «ponto de viragem» desse desenvolvimento. Como veremos, mesmo aumentando a pressão para que a reforma aconteça cada vez mais tarde, a verdade é que nem todos cedem à «obrigatoriedade» de trabalhar mais anos, muitos optando por se reformar mais cedo, e ganhando assim em vitalidade o que perdem no valor da pensão que passam a usufruir. É uma escolha e, em Portugal, como noutros países europeus, a elevada adesão a planos de reforma antecipada (mesmo que tal represente algum prejuízo financeiro) mostra que essa escolha pela saída precoce da vida profissional é uma possibilidade que abre caminho a outras formas de interpretar «a idade da reforma».

Parece inevitável, pois, que o conceito de reforma mudará largamente nos próximos anos, deixando de estar unicamente associado a um critério cronológico e passando a cruzar-se com o sentido que cada um atribui à vida profissional na economia da sua vida pessoal. Duas forças antagónicas irão medir forças: por um lado, a necessidade social de trabalhar por mais tempo de modo que seja assegurada a sustentabilidade dos sistemas de pensões; por outro lado, o desejo individual de viver a idade da reforma num período da vida em que as possibilidades de concretização de interesses e aspirações individuais ainda são inúmeras, antes de o declínio que chega com a velhice se fazer sentir de modo irreversível.

Os estudos sobre a reforma têm-se debruçado sobre dois grandes campos de análise: o campo psicológico e social e o campo económico e político. Enquanto o primeiro se ocupa das motivações e implicações inerentes à decisão de se reformar, e de aspetos como a satisfação de vida ou a adaptação à condição de reformado; o segundo analisa o contexto social, político e económico em que a reforma ocorre como uma variável contingente ao mundo do trabalho. Vejam-se, por exemplo: *Reforma e Reformados* (2011), da minha autoria; *Retirement: Reasons, Processes and Results*, editado por G. Adams e T. Beehr (2003); *Ageing, Health and Pensions in Europe. An Economic and Social Policy Perspective*, editado por L. Bovenberg, A. Van Soest e A. Zaidi (2010); *The Oxford Handbook of Retirement*, editado por Mo Wang (2012). Uma abordagem multidimensional é vantajosa, permitindo olhar para esta questão de um ponto de vista simultaneamente pessoal, social e económico. No cruzamento destes pontos de vista, tem sido possível identificar, descrever e validar fatores determinantes e hoje implicados na reforma e suas consequências: estatuto financeiro, condições físicas e de saúde, ocupação do tempo (variáveis pessoais); ambiente de trabalho, envolvimento no trabalho, incentivos para a reforma precoce (variáveis de trabalho e organizacionais); saturação e desmotivação profissional, desejo de concretizar novas atividades (variáveis psicológicas); sistemas de pensões, financiamento da segurança social (variáveis económicas e financeiras); efeitos da reforma na saúde, políticas de incentivo à permanência no posto de trabalho (variáveis demográficas e sociais).

A abundante literatura sobre o tema coloca em evidência o carácter polissémico do conceito. A reforma pode ser definida como uma instituição social, uma etapa do ciclo de vida, um acontecimento de carácter individual, uma passagem de um tempo de atividade para um de inatividade, um processo de transição da idade adulta para a velhice. A reforma é, em primeiro lugar, uma instituição de proteção social que assegura uma pensão a todos os que preenchem determinadas condições de idade e de tempo de exercício profissional. Nascida com a sociedade industrial e ainda muito ligada ao conceito de velhice, a «passagem à reforma» faz-se sobretudo com base em critérios formais e adquire um carácter de inatividade subsidiada, pouco ou nada atendendo à capacidade funcional dos indivíduos e à evolução do que significa atualmente o processo de envelhecimento. Mas a «passagem à reforma» também é um acontecimento que ajuda a regular o ciclo de vida individual, marcando uma rutura entre a vida de trabalho e a vida após o trabalho, sugerindo a definição de uma nova identidade livre de quaisquer obrigações ou expectativas.

A emergência e consolidação dos sistemas de reforma contribuíram fortemente para a «hierarquização» da existência humana em três etapas principais. O trabalho aparece como a etapa central que define o conteúdo social da vida adulta, sendo enquadrado pela formação na juventude como a etapa de preparação e a reforma na velhice como a etapa de inatividade. Ao mesmo tempo, o desenvolvimento dos sistemas de reforma ajudou a acentuar o peso da idade no ciclo de vida, contribuindo para a sua «cronologização»: uma idade para a escola, uma idade para o trabalho, uma idade para a reforma. A criação da reforma originou o aparecimento da categoria dos reformados, que o alongamento da esperança de vida tem feito com que sejam não apenas cada vez mais numerosos mas igualmente mais heterogéneos, quer no que diz respeito ao momento de entrada nessa categoria, quer ao modo como a vivem. Finalmente, a institucionalização dos sistemas de reforma assegurou as condições materiais indispensáveis para que o indivíduo olhe para o seu futuro não só como um tempo de espera até à morte, mas como um tempo que prolonga a sua condição de adulto, contribuindo para que o ciclo de vida se estenda além da vida profissional.

Todos o sabemos: um dos principais desafios com que os países mais desenvolvidos atualmente lidam é o constante aumento do número de pessoas reformadas, falando-se mesmo numa sobrecarga de reformados (*burden of retirees* no original) (Stanton, 2004). Desde que as conquistas médicas e sanitárias garantiram uma expectativa de vida melhor e mais longa, a população não parou de envelhecer e cada vez mais cidadãos estão e vão experimentar a condição de reformado por um período de tempo maior. Também os cenários de transição para a reforma mudaram, sendo hoje variados e multifacetados. Deixou de haver um padrão fixo de reforma e ao lado da clássica «idade da reforma» foram aparecendo variantes mais inovadoras, como a pré-reforma ou a reforma antecipada. Simultaneamente, porém, é esse mesmo prolongamento da esperança de vida (associado a uma significativa alteração demográfica caracterizada pela diminuição do número de nascimentos nos últimos 50 anos) que pode colocar em causa a existência do conceito de reforma tal como hoje o conhecemos.[3] De novo, a reforma e o trabalho andam ligados.

Seja qual for o momento ou a circunstância em que a reforma ocorre, estamos sempre perante uma situação de transição que traz consigo a possibilidade de perturbações no quotidiano e que vai exigir um reajustamento no modo como se vive: sabemos porque nos reformamos, mas é incerto o que sucede após nos reformarmos. Não havendo ideias uniformes quanto às implicações da «passagem à reforma» no funcionamento individual – há quem acentue o carácter «stressante» da reforma e há quem a encare como algo sem efeitos relevantes no bem-estar pessoal –, é consensual que se trata de um acontecimento que comporta ganhos e perdas, desafiando a capacidade individual de adaptação. De qualquer modo, talvez por causa das expectativas predominantemente positivas que a maioria das pessoas de meia-idade tem quanto ao seu próprio envelhecimento (Fonseca, Duarte & Moreira, 2013), a ideia da reforma é bem encarada e esse otimismo é baseado numa noção muito simples: a partir de certo momento do ciclo de vida, agora mais longo que dantes, a verdadeira sabedoria consistirá em aproveitar bem a energia que ainda resta para cumprir objetivos individuais, desfrutando de uma liberdade de uso do tempo nunca antes experimentada.

2. A reforma é uma invenção recente

Uma das primeiras imagens que temos da reforma remonta à Grécia Antiga e estava, naturalmente, ligada à velhice. Na literatura grega, a velhice (apesar de poucos a atingirem) surge retratada como um acontecimento essencialmente biológico, sendo o declínio físico a principal razão para a pessoa «pendurar as botas» das atividades que desempenhava, independentemente da sua natureza. Em registos literários, vamos encontrando razões e motivos singulares para as pessoas se reformarem; assim, o escriba deveria fazê-lo quando «a mão fica mais lenta e treme com a idade», o carpinteiro «quando o tempo tiver despojado a força dos seus membros», o professor quando estiver «afetado pela fadiga» (Wortley, 1998), etc., ou seja, os critérios que regulavam o momento da «passagem à reforma» estavam principalmente ligados à deterioração física e mental.

Apesar de a vida profissional ser uma forma de organização social e estar, por isso, sujeita a modificações ao longo da história, este modo de encarar a retirada da atividade profissional manteve-se idêntico ao longo de séculos, sem existir qualquer diferenciação entre a «vida profissional» e a «reforma». As pessoas trabalhavam até morrer ou até estarem incapacitadas, não tendo direito a qualquer tipo de compensação quando deixavam de trabalhar. A «reforma», como hoje a conhecemos, pura e simplesmente não existia.

Nas sociedades pré-industriais, fortemente ligadas à economia rural e de cariz familiar, o processo de envelhecimento e os acontecimentos a ele associados tinham um significado completamente diferente daquele que hoje lhes damos. Quando a sua condição física ou mental já não permitia às pessoas continuar a trabalhar, a rede familiar e social facilmente as enquadrava em diversas formas de auxílio e proteção. Mas a esperança de vida também nada tinha que ver com a atual, sucedendo a morte, geralmente, pouco tempo depois de se verificar a incapacidade para trabalhar.

O problema da incapacidade era, todavia, encarado como um problema individual e privado, vivido no contexto da própria família, que tomava a seu cargo os idosos incapazes de assegurar a sua sobrevivência. Nas economias tradicionais, a família era, simultaneamente, unidade de produção e consumo, não estando o trabalho separado de outras funções sociais. Com a progressiva definição do trabalho como atividade produtiva e rendível (fazendo emergir a noção de assalariado), a interdependência dos membros do grupo familiar tende a desfazer-se e estabelece-se uma dicotomia entre atividade (aquilo que é remunerado e valorizado) e inatividade (onde não há lugar a remuneração)

(Lenoir, 1989). Por outro lado, as transformações económicas decorrentes da Revolução Industrial e do desenvolvimento do capitalismo modificaram substancialmente a situação das pessoas idosas, das famílias e das comunidades. Afastadas dos locais onde haviam nascido e crescido, por terem emigrado para os grandes núcleos urbanos em busca de trabalho e riqueza, muitas pessoas começavam a envelhecer com maior frequência em situação de exclusão social e pobreza, devido à insuficiência de rendimentos e ao isolamento que as afastara, irremediavelmente, das famílias que outrora lhes garantiam sempre algum tipo de apoio, no mínimo poupando-as da indigência pública.

Estas transformações conseguiram impor-se a todo o planeta e afetar, decididamente, as estruturas sociais e familiares. Além disso, com o desenvolvimento do trabalho operário e da indústria decorrentes da Revolução Industrial, surgem novas realidades que deixam de ter resposta no âmbito da família, começando também ela a mudar e a ser incapaz de dar aos mais idosos o apoio de que eles necessitam. Que fazer com os velhos, sobretudo os da classe operária, quando se encontram incapazes de produzir?

Perante este quadro, surgido no decurso da segunda metade do século XIX, as medidas de tipo assistencial, baseadas na caridade de alguns particulares e em iniciativas voluntaristas de cariz civil e religioso, mostravam-se completamente insuficientes perante a amplitude dos problemas emergentes. Como refere Ana Fernandes,

> com o passar dos anos, as transformações que ocorreram nas sociedades industrializadas e o gradual envelhecimento das suas populações, proporcionaram as condições para que socialmente se começasse a considerar a velhice como situação problemática a necessitar de apoio social. A velhice tornou-se um problema social e passou a mobilizar gente, meios, esforços e atenções suficientes, para que qualquer um disso se aperceba. A ela está vulgarmente associada a ideia de pobreza ou, pelo menos, da escassez de meios materiais, de solidão, doença e também, de alguma forma, de segregação social, corte com o mundo... (Fernandes, 1997: 10).

Consoante a família vai deixando de ser uma unidade de produção e de regulação dos problemas dos respetivos membros, verifica-se um progressivo reconhecimento político de certas necessidades associadas aos idosos e constrói-se uma lógica de vida em que se externalizam respostas a essas mesmas necessidades. Para atender aos problemas económicos e sociais deste grupo populacional, os Estados vão criando, a partir do último terço do século XIX, uma série de medidas que hoje conhecemos pela designação de sistemas de proteção social. Começam a surgir as primeiras instituições de acolhimento e de prestação de cuidados aos idosos abandonados, os «asilos», e esboçam-se os primeiros mecanismos de apoio económico na velhice, as «pensões».

Apesar de a ideia de proporcionar modalidades de proteção na velhice ter nascido na Alemanha, em 1889, através de Bismarck – com a criação do primeiro seguro social de proteção na invalidez e velhice (o *Old Age Insurance Law*) –, a reforma, tal como hoje a entendemos, é uma invenção recente. Somente após a II Guerra Mundial é que ocorre uma generalização dos seguros obrigatórios e dos sistemas de segurança social, como forma de minimizar os problemas de equilíbrio e de coesão social que afetavam os trabalhadores incapazes de produzir, garantindo assim a respetiva subsistência quando deixavam de trabalhar. Com efeito, a partir de meados do século XX, os regimes de pensões têm um desenvolvimento assinalável, coincidindo a generalização da atribuição de pensões de reforma com uma série de outros fatores: o desenvolvimento de uma consciência social sobre os direitos dos idosos, o aumento da longevidade e a emergência da «terceira idade» como uma nova representação social da velhice, enquanto fase da vida «não ativa» ou «pós-ativa».

Na Europa, o Estado assumiu-se como o grande promotor de bem-estar social, desempenhando um papel ativo através da criação e apoio de todo o tipo de serviços e equipamentos com o objetivo de proporcionar melhores condições de vida às pessoas mais velhas, o que implicou o desenvolvimento de cuidados especializados. Os sistemas de apoio à reforma, com as pensões de reforma a serem a expressão mais visível desse apoio, são hoje também uma forma de cuidado especializado, caracterizada em Portugal pela mediação anónima entre gerações, suportada por uma lógica própria que se traduz na existência de um «contrato social» baseado na «solidariedade entre as gerações». Esta solidariedade evidencia-se de várias formas, seja através do apoio mútuo em diferentes momentos temporais (os mais jovens trabalham para ajudar a suportar o pagamento das reformas dos mais velhos, esperando que um dia outros façam o mesmo por eles), seja no contexto das próprias empresas, quando se convertem precocemente indivíduos mais velhos em reformados ou pré-reformados para dar lugar a uma força de trabalho mais jovem.

Na atualidade, porém, a realidade demográfica e o aparecimento de novas formas de discriminação baseadas na idade concorrem simultaneamente e tendem a colocar em causa a lógica subjacente à solidariedade entre as gerações. Desde logo, o desequilíbrio demográfico que atualmente se verifica entre o número de pessoas mais jovens e o número de pessoas idosas suscita imediatamente duas questões: como assegurar o financiamento da segurança social e como repartir, de forma equitativa, a riqueza existente pelas diferentes gerações satisfazendo as respetivas necessidades. A pressão exercida pelo envelhecimento da população sobre o sistema de segurança social poderá, na verdade, colocar em risco o equilíbrio intergeracional, caso as necessidades das gerações mais velhas venham a ser privilegiadas em detrimento das mais novas, como forma de diminuir as desigualdades entre os reformados e de garantir um nível satisfatório de bem-estar para todos. Apesar de haver reformados «ricos» e reformados que recebem pensões de valor elevado em relação à média dos rendimentos da população, o seu número é muito baixo quando o comparamos com a larga maioria dos reformados portugueses. Além da universalização das reformas ser um processo relativamente recente em Portugal, muitos dos atuais reformados contribuíram com quotizações baixas (ou não o fizeram de todo) para o usufruto das atuais pensões de reforma. O valor económico das reformas é de modo geral baixo e isso contribui para a criação da imagem do reformado como alguém que apresenta carências materiais e que é, ou corre o risco de se tornar, pobre.

Também a substituição, nos mais diversos postos de trabalho, de indivíduos mais velhos (e aqui o conceito de «mais velhos» ronda frequentemente os 55 anos de idade) por indivíduos mais novos levanta uma série de problemas ao equilíbrio intergeracional. O aparecimento de novos grupos sociais, originado por fenómenos como a pré-reforma ou a reforma antecipada, tende a reforçar o idadismo, sobretudo quando constatamos que a exclusão precoce do mercado de trabalho, além de acentuar a ideia de que o avanço da idade acarreta uma perda de competências, provoca geralmente uma diminuição do papel e do estatuto social dos indivíduos mais velhos ao categorizá-los como incapazes. De acordo com os resultados do Inquérito Social Europeu (*European Social Survey IV*, 2008), cerca de 25% dos portugueses com mais de 65 anos dizem já ter sido vítimas de discriminação por causa da idade (acima dos 80 anos, essa percentagem sobe para os 32%), números que andam próximos da média europeia.

Ao contrário da desejada solidariedade entre as gerações, base onde assentaria uma repartição equilibrada e equitativa da riqueza coletiva, poderemos, no limite, assistir a uma autêntica «guerra de gerações», onde mais novos e mais velhos disputarão o acesso ao emprego, condição indispensável não apenas de garantia económica mas igualmente como fator de inclusão social. Daí a necessidade de promover a criação de uma «nova idade social», livre de categorias pré-estabelecidas em função da idade cronológica e daquilo que se espera do comportamento individual em cada etapa da vida, onde as vontades e aspirações individuais são conformes às expectativas sociais reguladas por um padrão normalizador: um tempo para estudar, um tempo para trabalhar, um tempo para descansar.

É neste último tempo que a reforma vulgarmente se tem inscrito, materializando uma tendência de pensamento predominante segundo o qual a «passagem à reforma» abre as portas à velhice. Já em meados do século XX, Havighurst (1954) destacava a importância da reforma como uma «tarefa desenvolvimental» característica da transição mais geral da vida adulta para a velhice, funcionando como um marco dessa transição. Algumas décadas mais tarde, Savishinsky (1995) chega mesmo a designá-la como um «rito de passagem», mencionando a existência de uma série de rituais que assinalam a passagem da condição de trabalhador para a condição de reformado (por exemplo, a realização de uma «despedida» cerimonial com uma homenagem ao colega que parte). Entendida quer como «tarefa» quer como «rito», fica evidente a existência de um antes e um depois do acontecimento «passagem à reforma», valorizado e ao mesmo tempo dramatizado, com prejuízo evidente para a integração social plena das pessoas mais velhas (Fonseca, 2011).

Com efeito, ao considerar que a velhice começa com a reforma, atira-se para o momento da «passagem à reforma» o ónus de ser «o primeiro dia do resto da vida», com tudo o que de negativo isso pode significar para a imagem pessoal do indivíduo que se está a reformar, dada a conotação tradicionalmente pejorativa associada ao envelhecimento. A pessoa deixa de ser reconhecida como válida para desempenhar a sua profissão quando transpõe um determinado limite etário, independentemente das suas capacidades. Desconfiando das suas capacidades e por isso reformando-o, a sociedade remete o indivíduo para uma esfera social e relacional que transcende largamente a dimensão profissional: «na perspetiva institucional hoje dominante, qualquer indivíduo, ao transpor o limiar da velhice, correspondente à idade limite de "passagem à reforma", passa a integrar uma categoria social e, quase sem se aperceber, é levado a identificar-se com as qualidades que são socialmente atribuídas aos *velhos*» (Fernandes, 1997: 170). Para a autora, trata-se de uma fórmula perversa, que serve para reforçar a ideia de que as pessoas reformadas, logo, idosas são uma categoria social à parte, homogénea e estável, cuja vida é marcada pela ociosidade e inutilidade social, a necessitar de alguém que as anime e integre socialmente, partindo do princípio que não são capazes de escolher o seu modo de vida ou de contribuir para a vida coletiva.

Aliás, já em 1970, Simone de Beauvoir, na sua obra *La Vieillesse*, escrevia que a «velhice não é um facto estatístico; é o prolongamento e a conclusão de um processo» (Beauvoir, 1970: 17). E continua dizendo que se a velhice enquanto destino biológico é uma realidade trans-histórica, esse destino vive-se de maneira distinta de acordo com o contexto social, pelo que «a velhice só pode ser entendida na sua totalidade; não é apenas um facto biológico, mas um facto cultural» (Beauvoir, 1970: 20). Assim, confundir a velhice com a reforma ou usar os dois termos de forma indistinta é uma generalização abusiva, pois não é verdade que um reformado seja sempre idoso ou que uma pessoa mais velha esteja obrigatoriamente reformada.

Outra forma de encarar a evolução do conceito de reforma é pelo reconhecimento de que, ao longo dos últimos vinte anos, a associação entre a reforma e o início do envelhecimento foi-se desvanecendo e tornando cada vez mais «incerta» (Fonseca, 2011). Até ao início da década de 1990, a reforma era quase sempre um acontecimento que assinalava a passagem da condição adulta para a velhice, embora fosse já visível uma variabilidade crescente quanto ao momento e às condições em que essa passagem acontecia. A transição do século XX para o século XXI dissocia completamente a «passagem à reforma» da linha de fronteira que marca o fim da idade adulta e a entrada na velhice. O aumento da longevidade e o incremento das reformas antecipadas, duas tendências simultâneas, colocaram homens e mulheres na casa dos 50-60 anos de idade perante uma alargada fase de vitalidade pós-reforma, em alguns casos originando mesmo novas carreiras profissionais.

É urgente, por isso, uma evolução do conceito de reforma que faça desvanecer a associação entre a reforma e o início do envelhecimento, tendo em atenção não só as alterações sociais e demográficas em curso, mas também o papel das motivações individuais: muitas pessoas continuam a trabalhar para lá da idade limite, porque não se sentem felizes de outra forma, enquanto outras se reformam mais cedo do que o previsto, mesmo sofrendo penalizações económicas. Para mais, o aumento da longevidade e o incremento das reformas antecipadas fazem com que a reforma não possa mais ser definida como o limite superior da meia-idade, colocando homens e mulheres nos seus 50 e 60 anos perante uma alargada fase pós-reforma de atividade e de vitalidade (Moen & Wethington, 1999). Frequentemente, a reforma passa a acontecer também em plena meia-idade e, mesmo que suceda aos 65-70 anos, no que habitualmente se designa já por velhice, não tem de ser vista como o princípio de algo que se reveste de uma conotação negativa. A «passagem à reforma» é cada vez mais encarada como uma das várias «transições significativas» de que a segunda metade da vida é feita, mas, ao contrário do pensamento tradicional, já não é circunscrita a uma determinada idade cronológica ou à fórmula de «tudo ou nada», característica da dicotomia trabalhador «ou» reformado. Pelo contrário, a reforma tende a ser vista com maior frequência como um processo que pode estender-se eventualmente ao longo de vários anos e envolver uma série de transições entre trabalho remunerado e não remunerado.

Esta linha de raciocínio é também amplamente desenvolvida por Chris Phillipson (2013), para quem, fruto da evolução que as sociedades sofreram nas últimas décadas, é necessário construir novas orientações de abordagem aos processos de transição inerentes à «entrada no envelhecimento». Tal permitirá compreender melhor como decorrem as «transições depois dos 50 anos», marcadas por situações de instabilidade ligadas à reestruturação das respetivas carreiras profissionais, ao desemprego ou à reforma. De facto, somos frequentemente confrontados com interpretações «estáticas» acerca daquilo que se passa na vida das pessoas com 50 e mais anos de idade, como se as dinâmicas de funcionamento social não tivessem proporcionado, entretanto, o aparecimento de tendências que põem em causa as formas convencionais de viver esta etapa do ciclo de vida. No que à reforma diz respeito, Phillipson (2013) assinala que numerosos caminhos podem hoje ser trilhados além do simples «abandono da vida profissional e entrada na reforma»: há quem vá entrando e saindo antes de tomar uma decisão definitiva; há quem se vá envolvendo em atividades sociais e de lazer consoante o momento da reforma se aproxima (como forma de a preparar); há quem faça planos para desenvolver novas atividades profissionais depois de se reformar; há quem simplesmente não pense nisso e há quem, finalmente, veja na reforma uma oportunidade para trilhar uma nova trajetória de desenvolvimento pessoal

Estes diferentes caminhos refletem, pois, a impossibilidade de usar a reforma como linha de demarcação entre a idade adulta e a velhice. Tal sucede, essencialmente, pelo facto de o abandono da vida profissional poder verificar-se em idades, e segundo modalidades, muito diversificadas de pessoa para pessoa; a transição do «trabalho» para a «reforma» é hoje muito mais fluida do que dantes, articulando-se com formas de abandono da vida profissional carregadas de ambiguidade temporal e social – horário flexível de trabalho, pré-reforma, desemprego de longa duração, etc. Estas novas realidades suscitam mesmo, no âmbito da definição de uma identidade pessoal e social fortemente baseada na dimensão profissional, a necessidade de uma «reconstrução da meia-idade e da velhice» no quadro daquilo que Phillipson (2013) tem designado como uma «modernização do envelhecimento».

Uma componente fundamental deste novo paradigma passa, necessariamente, pela reconfiguração da reforma e do que a envolve, começando pelo debate sobre a idade da reforma, e respetivo financiamento, e culminando na sustentabilidade da própria ideia de reforma, originalmente vista como um tempo consagrado sobretudo ao descanso e ao lazer. De facto, a existência em Portugal e na Europa de um número considerável de pessoas que, apesar de gozarem de perfeita saúde, todos os anos se reformam precocemente, em plena meia-idade, e dão por terminada a sua vida profissional surge como um aspeto crítico no que respeita ao modo como se encara a vida profissional e a transição para a reforma. No início desta década, nos países do Ocidente, apenas cerca de metade das pessoas entre os 54 e os 65 anos continuava a trabalhar.[4] São milhões de pessoas que vão permanecer reformadas cerca de 20-30 anos! Mas trabalhar mais tempo, até perto dos 70 anos, não resolve por si só esta questão. Aliás, a duração da vida profissional deve ser vista unicamente como o ponto de partida desta discussão, pois trata-se de um quadro que necessariamente mudará no futuro e não apenas no que respeita à reforma; é toda a carreira profissional que necessita de ser repensada. No novo «ciclo de vida profissional», que se desenha já hoje, iremos trabalhar aproximadamente 45 anos; e quando se perspetivar uma carreira com essa duração, não será mais possível permanecer no mesmo emprego tanto tempo e deixar a vida profissional deslizar suavemente até à reforma numa idade pré-determinada.

A própria ideia de «carreira profissional», tal como a conhecem aqueles que já trabalham há 20 ou 30 anos e que permaneceram quase sempre no mesmo emprego, é certamente um conceito estranho para quem agora começa a trabalhar, consciente de que será inevitável mudar periodicamente de atividade e de que a sua vida profissional vai oscilar entre períodos de maior e menor estabilidade, de maior e menor sucesso. Mais importante ainda, em todos esses momentos será indispensável atender à complexidade de tarefas de âmbito pessoal a desempenhar em simultâneo, o que vai exigir um compromisso global e tornará obsoleta a separação tradicional entre «vida profissional» e «vida pessoal».

O economista holandês Lans Bovenberg (2005), a propósito da natureza do «ciclo de vida» na atualidade, constata que as pessoas cada vez mais concentram o seu trabalho na «hora de ponta da vida», em que obtêm simultaneamente os seus maiores sucessos profissionais e familiares. Mas há um custo inerente: procurando conciliar a vida profissional com a vida afetiva e familiar, e procurando acima de tudo a excelência em tudo o que se faz e se alcança, surgem sinais de exaustão um pouco por todo a lado, os quais adquirem por vezes um carácter dramático.[5] Mais e novos esquemas terão de ser usados para ajudar neste processo de conciliação, sejam eles de iniciativa empresarial ou legislativa (a lei inglesa confere aos trabalhadores o direito de mudar o seu regime profissional para *part-time* ou adotarem um horário flexível). O risco de tal não acontecer é a disfuncionalidade psicológica, afetiva e familiar instalar-se de forma crescente.

No entanto, esta «hora de ponta» existencial tende a ser curta: as crianças deixam de necessitar dos pais cada vez mais precocemente e em muitos casos a carreira profissional começa a declinar muito cedo, entrando muitos trabalhadores (às vezes também por opção pessoal) na fase minguante das respetivas vidas profissionais por volta dos 50 anos. Tornam-se menos produtivos e apesar dos seus rendimentos continuarem elevados – Bovenberg (2005) considera que somos subpagos quando jovens e sobrepagos quando mais velhos –, deixam de corresponder às expectativas das empresas, que procuram libertar-se deles na primeira oportunidade. Aqui começam as pré-reformas e as saídas precoces do mercado de trabalho. Só que, para Bovenberg, o abrandamento da atividade profissional quando se atinge os 50 anos de idade não é seguramente a melhor estratégia de gestão do ciclo de vida. Afinal, essa é precisamente a idade em que os filhos já não exigem a mesma atenção, libertando tempo que pode ser usado para aprofundar a atividade profissional em curso ou iniciar uma nova fase da carreira, evitando as armadilhas de uma reforma precoce que, com frequência, precipita um desligamento social com consequências nefastas para o bem-estar do indivíduo.

Parece-nos inevitável, assim, que o conceito de reforma passe a surgir crescentemente associado à noção de desenvolvimento da carreira, não necessariamente como um «fim», mas como uma «transição» dessa mesma carreira, que não se esgota num trabalho remunerado ou no cumprimento de um horário completo. Por outro lado, vivendo as pessoas cada vez mais tempo e gozando de melhores condições de saúde e de vida em geral, chegou o tempo em que devemos perguntar se é desejável olhar para a idade como uma variável primária na discussão do desenvolvimento da carreira, logo, se faz sentido falar numa «idade para a reforma». A idade cronológica já não é, na maioria das profissões, uma causa direta do comportamento das pessoas perante o trabalho, pelo que só pode funcionar como fator mediador da relação do indivíduo com o trabalho naquelas atividades cuja natureza apresente características que se relacionam diretamente com alterações (biológicas e funcionais, nomeadamente) decorrentes da idade.

Dois principais fatores influenciarão a evolução do conceito de reforma nas próximas décadas. Por um lado, num plano estrutural, o desenho de políticas públicas visando retrair a tendência para reformas mais precoces e incentivar reformas mais tardias, procurando com isso assegurar a sustentabilidade financeira do mecanismo de pensões e valorizar o papel dos trabalhadores mais velhos, cujo número aumentará em resultado das alterações demográficas. Por outro lado, no plano individual, as decisões tomadas pelos trabalhadores no que concerne à reforma, que, sabemos, não decorrem apenas da sua vontade mas refletem a atitude que mantêm perante múltiplas variáveis, como sejam as perspetivas de evolução da carreira, a satisfação profissional, as regras vigentes de «passagem à reforma», a segurança financeira, o estado de saúde, etc.

Para a maioria dos adultos, a atividade profissional é uma importante fonte de relações sociais, de autonomia financeira, de identidade e autoconceito, de sentido para a vida. É através do trabalho que nos tornamos integrados e reconhecidos socialmente. Assim sendo, é redutor encarar a relação entre trabalho e reforma como uma questão *either-or* (ou trabalhador ou reformado), preferindo muitos trabalhadores encará-la como um processo que se pode estender ao longo de vários anos. A necessidade de lidar com as tarefas que a adaptação à reforma exige pode suscitar receios quanto ao futuro e gerar alternativas a uma «reforma total», traduzidas, por exemplo, e quando tal é possível, num afastamento progressivo da vida profissional. Na verdade, abandonar gradualmente a atividade profissional e ir incorporando o tempo disponível na rotina do quotidiano ajuda a pessoa a preservar a identidade e os objetivos que ainda tem para a sua vida, mantendo-se ativa e implicada socialmente.

3. A reforma é o que cada um faz dela

Uma forma de analisar como os fatores de natureza social influenciam a vida das pessoas é através do modo como as instituições e estruturas sociais afetam as suas vidas. Assumindo que a vida profissional é uma das estruturas sociais determinantes no padrão de vida da idade adulta, o papel do trabalho na vida dos indivíduos adultos adquire uma grande importância e torna-se um aspeto central na definição da identidade pessoal, caracterizando largamente quem somos, o que significamos e como somos vistos enquanto adultos.

Com efeito, de entre as dimensões que marcam a nossa vida de adultos e que podem influenciar a nossa felicidade, o trabalho está seguramente entre as principais. Quase todos precisam de trabalhar para ganhar dinheiro, mas a maioria de nós precisa do trabalho para mais do que isso; precisa de sentir que o trabalho, aquilo que faz todos os dias, contribui para o funcionamento da sociedade e a torna melhor. Quando assim acontece, o trabalho confere sentido à vida e é devido a isso que situações como o desemprego e a reforma podem ser um desastre para a felicidade e para a satisfação com a vida em geral. Contudo, há diferenças entre elas: sair do mercado de trabalho por via da reforma envolve muito menos perturbações do que ficar desempregado, e a reforma nem sequer parece ser particularmente má para a felicidade (Layard, 2005).

Nas sociedades industrializadas, a relação entre o ser humano e o trabalho mudou profundamente ao longo do século XX, dando origem ao aparecimento de novas figuras. Como vimos, a reforma constitui um exemplo significativo dessas novas figuras, não apenas do ponto de vista social mas também do pessoal, pois a diversidade de experiências pessoais associadas à vida profissional faz com que nem todos encarem a reforma da mesma maneira. Como veremos, enquanto algumas pessoas suspiram pelo dia em que se verão livres da «necessidade» de trabalhar, outras gostariam que tal dia nunca chegasse...

A satisfação com a vida enquanto reformado, como de resto noutra qualquer etapa da existência, não é simplesmente uma questão de «sim ou não». Os numerosos estudos (*cf.* Fonseca, 2011) realizados para esclarecer o impacto do envelhecimento e dos mecanismos a ele associados no bem-estar pessoal têm conduzido a resultados muito diversos. Alguns estudos registam um aumento de bem-estar após a meia-idade, outros mostram a inexistência de qualquer impacto significativo, enquanto outros, por fim, evidenciam um impacto negativo na satisfação com a vida, especialmente quando o envelhecimento vem acompanhado de problemas graves de saúde, depressão e baixos rendimentos.

O papel que a reforma assume nas nossas vidas é indissociável da biografia, das condições individuais de existência e das perspetivas de futuro. Ao reformar-se, a pessoa abandona uma condição de «ativo», bastante determinada por expectativas e regras, para passar à condição de «reformado», por cuja definição ela será largamente responsável. Com efeito, se a vida de profissional é marcada por um conjunto de obrigações frequentemente alheias à vontade pessoal, a reforma é em larga medida criada pelo próprio, cabendo a cada um definir o seu «perfil de reformado».

Que contribui para a definição deste perfil? Em primeiro lugar, a ideia convencional de reforma, ainda baseada num modelo clássico de ciclo de vida distribuído em três momentos – estudo, trabalho, reforma –, é claramente insatisfatória para caracterizar a realidade contemporânea. A ideia de uma vida por capítulos – um para estudar, outro para a realização profissional, casar e ter filhos, e o terceiro, finalmente, para descansar – já não faz hoje qualquer sentido. A partir do momento em que começarmos a olhar para o fluxo da vida de uma forma diferente, a idade cronológica e aquilo que lhe está atribuído começará a ter menos importância. Deixando de reger a nossa vida pela idade cronológica (e pelas tarefas de natureza social que com ela estão correlacionadas), será a idade psicológica a ganhar um papel cada vez maior e que está relacionado com dimensões como as capacidades, as motivações, os projetos ou as relações que a pessoa mantém. Em segundo lugar, tendo em conta as modificações ocorridas na economia, no mercado de trabalho e na própria organização da vida social, a reforma assume-se hoje, para a esmagadora maioria dos trabalhadores, já não apenas como um direito social mas também como como algo que pode conferir «um novo sentido» à vida. A pessoa vê-se perante a necessidade de mobilizar toda a sua capacidade adaptativa, não apenas para fazer frente a desafios de natureza material ou contextual (como ocupar o tempo, para onde ir durante o dia, etc.) mas igualmente para proceder à redefinição da sua identidade social e do sentido de utilidade da sua vida. Finalmente, o envelhecimento concomitante à vivência da condição de reformado traz consigo alterações em diversos contextos, desde logo pela modificação da importância relativa dos diferentes espaços onde se vive o quotidiano (com a reforma, por exemplo, o indivíduo abandona o contexto local de trabalho e passa a frequentar mais o contexto habitação, cuja importância naturalmente aumenta) e, depois, pelo facto de essa modificação comportar a atribuição de significados distintos a pessoas, tarefas e atividades inerentes a cada um dos contextos.

No início do século passado, as sociedades eram predominantemente agrícolas e industriais. A produtividade dependia da força física, presente sobretudo nas idades mais jovens. Hoje já não é a força física que comanda a produtividade, mas sim o conhecimento – e este permanece até às idades mais avançadas. Se for alimentado ao longo da vida, pode ir progredindo e permitir começar uma vida nova em diferentes momentos do ciclo de vida, incluindo na velhice. Passar 50 anos a fazer a mesma coisa é hoje inconcebível para as gerações mais novas, que encaram como natural a possibilidade de realizar diferentes atividades produtivas ao longo da vida profissional e de serem socialmente úteis em todos os momentos da existência, independentemente da idade cronológica. Para quem tem 20, 30 e até 40 anos, o ciclo de vida é já hoje pensado e formulado de uma forma completamente diferente da que era num passado recente: um ciclo de vida mais flexível, onde se alternem períodos de formação, trabalho e descanso (mas também de desemprego), onde será normal investir numa segunda ou terceira carreira em diferentes momentos da vida, também porque viveremos muito mais tempo. Neste quadro, a discussão do prolongamento da idade ativa para os 66, 67 ou mesmo 70 anos só faz sentido para quem hoje tem ou se aproxima dos 60 anos e encara como injusta a necessidade de trabalhar mais tempo para, enfim, «gozar a reforma». Para quem está agora a iniciar a sua vida profissional, ou o fez nos últimos 15-20 anos, tal discussão não tem pertinência. Portanto, é toda a «lógica do ciclo de vida» que está em transformação e não apenas a relação entre o trabalho e a reforma.

Hoje, fala-se muito em envelhecimento ativo, em envelhecimento com sucesso. Isto é, viver numa idade avançada nas melhores condições possíveis, para poder desfrutá-la ao máximo e evitar sofrer das limitações que a velhice venha a impor. E também já todos sabemos a que elementos é necessário dar atenção para que tal suceda: ao biológico, que diz essencialmente respeito à saúde e à condição física; ao psicológico, que abrange o funcionamento mental e cognitivo, os afetos e os interesses; e ao social, ou seja, ao envolvimento com os outros, dentro e fora da família, às redes e às relações sociais. Se alguns destes aspetos ganham maior preponderância à medida que se envelhece (as preocupações com a saúde física, por exemplo), outros devem preparar-se desde cedo, pelo que se ao longo da vida não houver investimento em algumas daquelas áreas (a condição física, os interesses, as relações) será difícil a vida pós-reforma decorrer de forma satisfatória. É por isso que a experiência do envelhecimento e a própria velhice dependem muito daquilo que cada um for capaz de fazer por si, designadamente na maior ou menor capacidade de adaptação às particularidades que a condição de reformado comporta.

O raciocínio que nos leva a afirmar que a velhice é também o que cada um faz dela deve levar-nos igualmente a considerar que a «passagem à reforma» não tem de ser um acontecimento inevitável na história pessoal. E quando assim é, o que motiva então algumas pessoas a recusar a reforma, preferindo manter-se no ativo até ao limite das suas forças ou até que finalmente as mandem embora? Antes de mais, a vida profissional possibilita (além dos rendimentos económicos) uma oportunidade para a ocupação do dia a dia, bem como para a atribuição de um sentido social à existência, relacionado com a ocupação que se desempenha. Independentemente da natureza da atividade profissional, a relação das pessoas com a profissão é sempre uma relação complexa, que gira principalmente em torno do significado que o trabalho adquire para cada indivíduo (forma de ganhar a vida, utilidade social, estatuto, etc.). Além disso, trabalhar não é apenas a realização de tarefas, implica também oportunidades de relacionamento social e de preservação de uma imagem pessoal de competência, não podendo desligar-se essas variáveis da compreensão dos mecanismos psicológicos e sociais implicados na «passagem à reforma».

Apesar de a «passagem à reforma» ser, aparentemente, uma tarefa de carácter pessoal, há, na verdade, um largo conjunto de aspetos de natureza psicossocial a representar um importante papel no modo como as pessoas enfrentam e resolvem tal tarefa. Assim, para muitas pessoas, permanecer no trabalho pode efetivamente ser mais vantajoso do que abandonar a vida profissional, constituindo tal permanência um fator determinante para a manutenção de um sentido de identidade pessoal – sendo isto verdade principalmente para as pessoas que ocupam lugares de prestígio e que veem as suas competências devidamente reconhecidas. Ocupações de elevado prestígio, baseadas no trabalho intelectual, são suscetíveis de reter trabalhadores mais velhos, pois estes continuam a sentir-se gratificados com o que fazem e a sua competência e sabedoria continuam a ser valorizadas. A situação tende a ser inversa no caso dos trabalhadores pouco qualificados.

O modo como se encara o processo de transição-adaptação inerente à «passagem à reforma» parece ser determinante na garantia da satisfação com a vida, tanto no período imediatamente após essa passagem como no decurso dos anos seguintes. Os muitos estudos levados a cabo para explicar o impacto da reforma na satisfação com a vida (*cf.* Fonseca, 2011) revelam, no entanto, resultados contraditórios: enquanto alguns demonstram que a reforma não tem uma influência significativa na satisfação com a vida, outros sublinham efeitos negativos, associando a reforma a depressão e diminuição de bem-estar geral. Por fim, um outro grupo de estudos sugere que a reforma pode ser uma porta aberta para a felicidade, mesmo quando as pessoas têm de se confrontar com situações suscetíveis de causar dano ao bem-estar individual, como a perda de rendimentos.

Efetuando um balanço entre fatores que favorecem e que desfavorecem a satisfação com a vida na reforma, além daqueles mais ou menos óbvios que interferem na satisfação e no bem-estar dos reformados, como as relações sociais, a saúde ou os aspetos económicos, o «sentido de controlo sobre a vida» merece uma consideração especial. Assim, embora de um modo geral os indivíduos que se reformam voluntariamente se mostrem mais felizes do que aqueles que são forçados a reformar-se (Fouquereau, Fernandez & Mullet, 1999), o carácter voluntário ou involuntário da reforma não pode ser desligado das razões subjacentes à tomada de decisão de «passagem à reforma» e do planeamento e preparação da pós-reforma, nomeadamente nas situações de «reforma precoce». Com efeito, os reformados precoces podem ver-se condicionados precisamente pela decisão de se reformarem precocemente, sobretudo quando essa decisão não vem acompanhada pela vinculação a novos papéis (de cariz profissional ou voluntário) e pelo estabelecimento de relações sociais significativas (Ceresia, 2006). Também nem sempre é clara a influência da vida profissional prévia; se, por um lado, uma carreira satisfatória parece indiciar maior satisfação com a vida após a reforma, também não é menos verdade que para aquelas pessoas cujo trabalho se confundia com a própria vida, a dificuldade em ocupar as horas e os minutos que passam a sobrar, e que fazem com que os dias se tornem mais longos, pode conduzir à emergência de estados de ânimo de pendor francamente negativo.

Assim sendo, a «passagem à reforma» é sobretudo um acontecimento que se torna da máxima relevância para aquelas pessoas que encaram o trabalho produtivo como um autêntico «modo de ser». Ao abordar diretamente esta questão, Prentis (1992: 68) interroga-se: «Mas será que um *workaholic* pode encontrar algum sentido na reforma? Há mais vida além do trabalho?». De facto, para aquelas pessoas que durante anos a fio foram viciadas em trabalho ou para quem a vida profissional não constituía qualquer sacrifício (antes pelo contrário), passar dias e dias seguidos sem stresse, sem o reconhecimento dos outros, sem horários, sem deslocações, sem reuniões de trabalho, em suma, «sem nada para fazer», introduz a pessoa no mundo do aborrecimento, da insatisfação e da frustração; o que se agrava ainda mais quando ela não vê qualquer perspetiva de que esta nova condição de vida possa mudar significativamente nos próximos anos e nem se sente motivada para produzir essa mudança. Por tudo isto, dificilmente a reforma total poderá ser «uma solução aceitável para aqueles homens e para aquelas mulheres que falharam em encontrar alternativas para tudo aquilo que a vida profissional lhes proporcionava» (Prentis, 1992: 60).

É de admitir, pois, a possibilidade de algumas pessoas rejeitarem absolutamente viver como «reformados», dado a devoção total à profissão ter acabado por originar um desinteresse por qualquer outro modo de vida. Um padrão de funcionamento dependente do trabalho é muito difícil de alterar e, com frequência, o indivíduo só ganha verdadeira consciência dele quando se confronta com o fim abrupto da vida profissional (devido a doença, por exemplo) ou com os primeiros meses de reforma, os quais provocam um autêntico «síndroma de abstinência» capaz de gerar ansiedade e desequilíbrio psicológico. Finalmente, algumas pessoas nunca se reformam porque não conseguem ver-se a si mesmas como reformadas, olhando até com desprezo para a simples ideia de reforma e percecionando uma tal experiência de vida como sinónimo de alienação social.

A este propósito, Simone de Beauvoir recordava Hemingway e o que o escritor norte-americano pensava sobre o assunto: «A pior morte para qualquer um», escreveu Hemingway, «é perder o que forma o centro da sua vida e que faz de si o que ele é verdadeiramente. Reforma é a palavra mais repugnante do vocabulário. Seja escolhida por nós ou que as circunstâncias a tal nos obriguem, reformar-se e abandonar as suas ocupações – essas ocupações que fazem aquilo que somos – equivale a descer ao túmulo» (Beauvoir, 1970: 54). E Simone de Beauvoir conclui dizendo que sendo certo que Hemingway se matou, sem dúvida, por outras razões, fê-lo em todo o caso quando se sentia já incapaz de continuar a escrever.

Coincidência, ou não, parece efetivamente difícil a relação que os escritores – e provavelmente os artistas em geral – mantêm com a reforma. O escritor brasileiro Rubem Alves escrevia num livro de recorte autobiográfico:

> O aposentado fica sem lugar e se decide revisitar o seu emprego antigo, descobre quase sempre que tudo continua normal sem a gente por lá. [...] Não é por acaso que, com frequência, os aposentados morrem logo. Um amigo meu, com quem me encontrei na feira [...], sabendo que eu me ia aposentar, advertiu-me logo: "Olha, não vá morrer..." Estremeci ante essa advertência-profecia, mas tranquilizei-me pensando que isso não iria acontecer comigo. Tranquilizei-me, *pero no mucho*... [...] Comecei a pensar nessa coisa estranha – que justamente o evento da liberdade para fazer o que se quiser possa ser o começo do morrer. [...] Dali para a frente estar livre, completamente livre para se fazer o que se quiser. Mas muitas vezes este desejo de liberdade termina no banco do jardim, sem ter o que se fazer, olhando, perdido... Tantos anos de gaiola que se desaprende de voar, não sabendo o que fazer com o infinito... (Alves, 2004: 128-129).

Além da razão fundamental de «não se ver como reformado», a recusa da reforma e a opção de continuar a trabalhar após a reforma, parcialmente ou a tempo inteiro, encontra na sua origem outras possíveis razões: necessidades reais de ordem financeira; interesse em ver aumentado o rendimento disponível para com isso satisfazer motivações de ordem utilitária (mudar de casa ou melhorar aquela em que se vive) ou ligadas a gostos pessoais (viagens, *hobbies*); concretização de sonhos sistematicamente adiados e que no fundo correspondem à «verdadeira vocação» do indivíduo; ou, simplesmente, pelo facto de alguns meses de reforma terem sido suficientes para concluir que não se é capaz de ocupar o tempo de outro modo que não seja a trabalhar.

Na prática, manter um envolvimento profissional pós-reforma pode traduzir-se por uma de três vias: (i) continuar ou recomeçar a trabalhar a tempo inteiro, na atividade anterior ou noutra diferente; (ii) procurar manter uma atividade profissional em regime de tempo parcial; (iii) ocupar o tempo de forma estruturada com atividades de cariz profissional (ainda que não remuneradas) e que, de algum modo, substituam o papel desempenhado pela profissão. Outra opção, evidentemente, é o trabalho não pago através do envolvimento e da participação em atividades de voluntariado ou de natureza comunitária e associativa. Qualquer uma destas opções – profissional ou não profissional – constitui uma oportunidade não só para o desenvolvimento de atividades produtivas e socialmente úteis, como também para fomentar a interação social e fortalecer o sentido de identidade pessoal. Infelizmente, nem sempre o trabalho «não produtivo» é reconhecido como um meio de integrar socialmente e dar valor aos talentos e às competências das pessoas reformadas. Mesmo que uma definição alargada de «atividade produtiva» possa incorporar aspetos como trabalho doméstico, cuidado de crianças e idosos, ajuda voluntária à família, aos amigos ou à comunidade,[6] o trabalho pago continua a ser o principal meio de reconhecimento social dos indivíduos e, por essa via, consagrá-los como «ativos».

Mesmo que essa seja uma opção livremente escolhida para lidar com eventuais dificuldades de adaptação à condição de reformado, a retoma da vida profissional não é, porém, uma solução com sucesso garantido. Além de aspetos de natureza mais pessoal, como o progressivo aparecimento de problemas de saúde ou a disponibilidade para trabalhar numa condição hierárquica inferior à que se tinha no momento da reforma, a questão conjugal pode igualmente ser crítica: estando o cônjuge também reformado ou em vias disso, estará ele(a) na disposição de ver o(a) companheiro(a) de novo envolvido profissionalmente, com tudo o que isso significa na limitação de atividades em comum?

Certo é que a vida profissional após os 65 anos (seja pela não interrupção ou pelo retorno) está a aumentar, sobretudo através do «trabalho por conta própria».[7] Este crescimento revela uma tendência que tem tudo para continuar a acentuar-se, quer devido a motivos de natureza económica (quando se constata que a pensão auferida não é suficiente para fazer frente às despesas ou para garantir o estilo de vida a que se estava habituado), quer devido ao facto de a atitude de «viver para o trabalho», central durante décadas nas prioridades individuais, fazer com que para muitos seja difícil viver o dia a dia sem o bulício e as solicitações da vida profissional. Não sendo por razões de ordem económica, a dificuldade ou incapacidade de imaginar e implementar um padrão de vida alternativo à rotina casa-emprego-casa – feito de tarefas, compromissos, benefícios e relações «por causa da profissão», que frequentemente se valorizam tanto ou mais do que o exercício profissional em si mesmo – está, seguramente, na origem do desajustamento que muitas pessoas sentem e experimentam enquanto reformadas.

Outra razão que pode ajudar a explicar o aumento do número de reformados que trabalham prende-se à tendência recente da «passagem à reforma» ocorrer cada vez mais cedo no ciclo de vida através das reformas antecipadas. São várias as alterações no mundo ocidental, no mercado de trabalho e na gestão de recursos humanos que têm concorrido neste sentido, resultando num claro aumento de «passagens à reforma» antes da idade prevista na lei ou nos respetivos contratos de trabalho. Isto faz com que a ocorrência da reforma entre os 50 e os 60 anos de idade se tenha transformado num fenómeno corrente, ao lado de situações mais tradicionais (como a reforma cerca dos 65 anos) e de situações menos frequentes (como a recusa da reforma), tornando extremamente variável o modo como se faz a retirada da vida profissional. A proliferação de programas públicos e privados de estímulo à reforma, tanto para absorver mão de obra mais jovem como para modernizar o aparelho produtivo, gerou uma enorme heterogeneidade quanto à idade e quanto aos modos de transição para a reforma, não sendo hoje verdade que a reforma ocorra apenas, e sobretudo, no intervalo dos 62-65 anos, seja qual for o país considerado.

Assim, o que habitualmente era uma transição típica da idade adulta para a velhice tem-se transformado também num acontecimento característico da meia-idade, dado o número crescente de trabalhadores que se reformam precocemente na casa dos 50 anos, tanto por escolha pessoal como por motivos externos à sua vontade. Dada a centralidade do trabalho na sociedade atual, que leva com frequência a que seja visto como um valor sagrado, e a ociosidade associada à reforma como um pecado, o que dizer quando as pessoas se reformam mais cedo dos seus empregos, sobretudo quando tal sucede por escolha pessoal? Com efeito, não é fácil a aceitação dessa escolha; a nossa cultura tende a recompensar o sacrifício em vez do bem-estar e compreende com dificuldade que alguém invoque uma reforma antecipada como justificação para mudar de vida e embarcar numa segunda carreira, desempenhando um tipo de trabalho completamente diferente, ou porventura dentro do mesmo género do anterior, mas a um ritmo diferente e com outra perspetiva, mais centrada na realização pessoal e menos no cumprimento de expectativas externas. Todavia, se concordarmos que «o poder de conduzir e de controlar a sua própria vida são os aspetos desenvolvimentais mais importantes na meia-idade» (Rodeheaver & Datan, 1981: 184), atribuindo-lhe o privilégio de ser um período da vida humana caracterizado pela capacidade de fazer escolhas na vida pessoal por meio das quais se procura ultrapassar com sucesso a dialética entre os sonhos e objetivos da juventude, por um lado, e a consciência real da diminuição do tempo útil para os concretizar, por outro, não surpreende que a reforma antecipada, quando tal se afigura como possível, seja efetivamente uma opção que muitos consideram e alguns acabam mesmo por concretizar.

Por tudo isto, a decisão da «passagem à reforma» reflete hoje em dia uma conjugação muito pessoal de variáveis de diversa ordem – ambiente e funcionamento dos contextos profissionais, alterações empresariais, significado atribuído ao emprego e à carreira, regras de transição para a reforma, sustentabilidade da segurança social, valor das pensões, existência de planos individuais de reforma, disponibilidade financeira e poupanças, condição de saúde, motivações individuais, relações e pressões familiares. Por outro lado, com frequência, reformar-se não significa o abandono absoluto do trabalho; quando muito, representa o abandono «daquele» trabalho. A reforma deixou de ser uma questão de escolha «ou-ou» (ou trabalhador ou reformado) e adquiriu um carácter mais maleável, de um processo que se pode estender durante vários anos e que não significa necessariamente «não fazer nada». Mesmo não mantendo uma ocupação de cariz profissional de forma mais ou menos regular, veja-se, a título de exemplo, a autêntica explosão de pessoas reformadas que realizam trabalho voluntário em instituições e associações de natureza diversa. Como já bem assinalava Ana Fernandes (1997: 164) há cerca de vinte anos, «os lazeres e os tempos de disponibilidade desenvolvem-se e diversificam-se. O tempo de reforma é sempre um tempo de disponibilidade. O mundo da velhice constitui-se como um mundo pleno e autónomo, com as suas especificidades», que não pode mais ser enquadrado como um tempo em que se está apenas reformado.

A modernização do conceito de envelhecimento tem, por isso, de ser acompanhada também de uma modernização do conceito de reforma. Noções como trabalho e reforma não representam o mesmo e não podem continuar a ser utilizadas com o mesmo significado de há 30 ou 40 anos. O corte entre trabalho e reforma alterou-se; a reforma deixou de acontecer numa idade fixa e até a garantia de receber uma pensão no fim da vida profissional começa a estar ameaçada. Ana Fernandes diz mesmo estarmos perante uma «encruzilhada»: à visão estática (todavia ainda predominante) da reforma como um tempo de abandono absoluto da vida profissional, que supostamente deveria caracterizar de forma homogénea a população mais velha, contrapõe-se agora a importância das trajetórias individuais, que apontam para a existência de uma «segunda carreira» materializada num conjunto muito diversificado de atividades que podem ser desenvolvidas ao longo da fase da vida coincidente com a «idade da reforma», quer se esteja ou não reformado.

> A segunda carreira representa a sobreposição do falhanço do trabalho assalariado com uma profissionalização do tempo livre dos reformados; estas actividades não são, em sentido restrito, nem um emprego, nem um trabalho a tempo completo, nem desemprego, nem lazeres, nem trabalho doméstico, nem inactividade pensionada. Esbatem-se as fronteiras que separam o trabalho assalariado, o trabalho doméstico, o trabalho benévolo, no fundo entre uma economia formal e uma informal, entre o económico e o social (Fernandes, 1997: 164-165).

A diversidade de experiências no modo como decorre a transição da vida profissional para a reforma corresponde, no fundo, à própria diversidade de experiências enquanto trabalhador, no que poderíamos apelidar de «des-estandardização» dos modos de trabalho e de reforma. Ou seja, a história dos indivíduos como trabalhadores vai afetar, necessariamente, a respetiva «passagem à reforma» e a sua história como reformados. Todos os que trabalham irão, se a longevidade assim o permitir, encarar um dia o momento da «passagem à reforma» e, como diz Prentis (1992: 10), «as nossas reformas serão tão individuais quanto o foram as nossas experiências de vida prévias», sendo certo então que não nos iremos reformar todos da mesma forma – atendendo à relação que existe «entre as atitudes perante o trabalho e a experiência da reforma», nem sequer cair numa espécie de vácuo –, na realidade, «o abandono da vida profissional formal não conduz nem ao fim da nossa vida como pessoas nem ao nosso afastamento da sociedade».

Todavia, a partir «de certa idade» (digamos, por volta dos 50 anos), é inevitável que a maioria das pessoas se apodere de vez em quando – ora em forma de desejo («quem me dera estar reformado...»), ora de preocupação («ai de mim que não me imagino reformado...»), ora ainda de idealização («ah, quando vier a reforma é que vou ter tempo para...») – de uma espécie de pensamento mágico para onde se projeta tudo aquilo que sucessivamente se vai adiando para a reforma, altura em que finalmente haverá a vontade e a disponibilidade necessárias para cumprir todas essas projeções.

É um erro olhar para o momento da passagem à reforma como uma espécie de barreira que assinala um antes e um depois, quando, na verdade, não há rigorosamente nada que determine que um dia somos trabalhadores, adultos e socialmente válidos, e no dia seguinte passamos a reformados, velhos e socialmente inúteis. Infelizmente, este marcador continuará a condicionar a discussão sobre as variáveis inerentes à passagem à reforma enquanto continuar presente a ideia de que essa passagem corresponde à entrada na velhice. É evidente que a reforma da vida profissional introduz um conjunto de novidades na vida quotidiana suscitadas pela necessidade de adaptação a uma condição de vida nova e por cuja definição somos largamente responsáveis: os horários, as rotinas e as tarefas deixam de ser determinados por outros, pelo «emprego», para passarem a ser definidos por nós mesmos. O modo como cada um ocupar o tempo – e agora é muito! –, antes dedicado à vida profissional e que passa a ser ocupado com aquilo que se fizer dele, contribui para a definição de si mesmo como reformado e introduz aqui uma alteração de controlo da vida pessoal que, para muitos, é algo difícil de encarar e complicado de gerir.

A reforma não é um acontecimento isolado, há variáveis que ajudam a compreender a origem das diferenças individuais nas opções e prioridades que se estabelecem após a reforma e a satisfação alcançada com essas opções. Do ponto de vista psicológico, a reforma corresponde a um acontecimento de vida com o qual cada um lida de diferentes modos e do qual procura retirar o máximo proveito possível; para uns a reforma significa manter uma vida ativa, às vezes até mais ativa do que antes, enquanto outros encaram-na simplesmente como um tempo para descansar. Fundamentalmente, a principal diferença que as pessoas sentem entre o antes e o depois da reforma é a liberdade de uso do tempo e a possibilidade de concretizar interesses pessoais, ou seja, a reforma permite «ganhar liberdade» (Fonseca, 2012: 78): «a partir de agora posso fazer o que quiser, não me apetece levantar cedo não me levanto; apetece-me sair, saio, está a chover, não saio; apetece-me ir à praia a meio da semana, vou...», etc. Claro que esta liberdade de uso do tempo, a que a maioria das pessoas não estava habituada e vê como a conquista mais importante desta nova condição, também pode ser complicada de gerir: «o que é que eu faço agora com este tempo todo?»

Com efeito, ambas as situações podem acontecer. A generalidade dos estudos tem concluído que a «passagem à reforma» é um acontecimento que decorre numa série de fases cujo desfecho se situa algures entre dois polos de uma trajetória adaptativa: num dos polos vemos refletido um impacto negativo na identidade e um sentimento de perda de controlo da própria vida, enquanto no outro encontramos uma tendência predominante de ajustamento à nova condição de vida, por meio da qual se procura «acrescentar» qualquer coisa de novo à existência quotidiana (Taylor-Carter & Cook, 1995). Em distintos pontos dessa trajetória, existem atitudes correspondentes: incapacidade de separação emocional da anterior profissão; desencanto com a vida atual, devido a constrangimentos financeiros ou à descoberta de que o dia a dia está mais pobre desde que se deixou a profissão; desorientação perante a necessidade de definir uma nova rotina para o quotidiano; investimento em novas atividades; procura de soluções de ocupação regular que ofereçam níveis razoáveis de satisfação duradoura.

A cessação da vida profissional a tempo inteiro não significa que é a vida, no seu conjunto, que cessa, mantendo-se esta válida independentemente do estatuto social de menos-valia que a expressão «reformado» habitualmente confere. Apesar da incerteza expressa por Nancy Schlossberg (2004) quando afirma que a reforma implica «estar a deixar» algo mas não necessariamente «estar a ir para» algo, representando uma mudança que ocorre sem se saber exatamente o que vai acontecer a seguir, é ao ver a reforma como uma espécie de «novo começo» que as pessoas poderão sentir-se encorajadas a procurar novos objetivos para as suas vidas e cuja concretização acabará por conferir um significado próprio à vida «além da reforma».

4. Do trabalho à reforma: a tomada de decisão

É enorme a importância que o trabalho remunerado assume na forma como cada pessoa se define. O trabalho organiza a atividade humana, ajuda a desenhar uma determinada imagem pessoal e a definir um lugar no mundo. Não obstante as diferenças existentes entre os indivíduos quanto ao significado do trabalho, globalmente são óbvias as vantagens do exercício profissional para o bem-estar individual. O desenvolvimento regular de uma atividade que, além da segurança económica que permite, seja simultaneamente gratificante para o próprio e útil para os outros e para a sociedade constitui uma das principais formas de ajustamento pessoal e de preservação da saúde mental. A sua relevância é inquestionável e é por isso que a «passagem à reforma», quer seja voluntária ou involuntária, antecipada ou na idade prevista, parcial ou total, pode converter-se num momento particularmente sensível para o bem-estar psicológico e social.

Hoje em dia, colocam-se novos desafios aos que se reformam nesta época histórica em que as perspetivas de longevidade são bastante otimistas. Os que agora abandonam a vida profissional podem olhar para a reforma não como um «tempo de descanso», mas ainda como uma nova etapa das suas vidas. Atendendo a que um dos riscos mais sérios decorrentes da reforma se liga à perda de uma função socialmente útil, pode muito bem suceder que a reforma, sobretudo quando involuntária, seja vivida (pelo menos temporariamente) de forma «stressante», dando origem a uma redução da autoestima e a uma perda do sentimento de controlo da própria vida. A questão central diz respeito ao modo como a pessoa lida com a perda do papel profissional. De facto, é possível prever o impacto da reforma na vida psicológica de cada um de acordo com o grau de investimento profissional anterior. Assim, quando as profissões anteriormente desempenhadas permitiram aos indivíduos desenvolver «carreiras» (logo, para quem a vida profissional significou mais do que apenas uma ocupação necessária à obtenção de um rendimento económico), é mais frequente a «passagem à reforma» originar sentimentos ambivalentes, ou mesmo de alguma frustração, o que já não será tão previsível quando a pessoa fez da profissão unicamente o seu «ganha-pão», reservando muitas vezes para os tempos livres o cumprimento efetivo dos seus interesses vocacionais mais genuínos.

Acomodar as preferências do trabalhador, facilitar transições mais bem-sucedidas da vida profissional para a reforma e expandir oportunidades para uma reforma gradual são equações que virão certamente a ganhar um lugar proeminente na agenda política. Os cenários de transição para a reforma mudaram, sendo hoje variados e multifacetados, exigindo uma abordagem sistémica (Ceresia, 2006) capaz de identificar, descrever e validar os fatores determinantes na decisão de reforma e nas suas diversas consequências. Uma dessas consequências prende-se à satisfação com a vida de reformado, estando ligada a fatores relacionados com diversas variáveis: pessoais (estatuto financeiro, condições físicas e de saúde, interação com o cônjuge, incentivos para a reforma precoce), de trabalho e organizacionais (ambiente de trabalho, clima organizacional, envolvimento no trabalho) e psicológicas (saturação, desmotivação, desejo de novas carreiras). De qualquer modo, uma experiência satisfatória de reforma parece depender fortemente do modo como a decisão é tomada: os níveis mais elevados de satisfação com a vida são registados naquelas pessoas que se reformaram voluntariamente e não naquelas para quem a reforma foi uma imposição.

O DIA MAIS LONGO DE GONÇALO RIBEIRO TELLES

Gonçalo Ribeiro Telles teve uma vida tão preenchida que nunca parou para pensar no dia em que chegaria à reforma. Até aos 70 anos fez de tudo um pouco: ministro, deputado, professor catedrático, arquitecto, paisagista, etc. Depois, quando chegou a hora da retirada, ficou sem saber o que fazer: «O meu dia mais longo foi o momento em que me reformei. Não fiz nada, não sabia o que fazer. Foi um dia de sossego, mas completamente aparvalhado.» A reforma já chegou tarde, mas o arquiteto não tinha feito planos para essa nova fase. «Quando dei por mim, tinha chegado o dia da reforma.» Estava um «bonito dia de sol» e as horas demoravam a passar, mas o arquiteto decidiu não sair de casa. Andou «de um lado para o outro, a gozar por não ter horários e não ter para onde ir». A dada altura, foi para o escritório mexer nos livros, mas não se concentrou em nenhum, simplesmente porque «não havia um objetivo específico». Foi o primeiro dia do resto de uma vida. «No primeiro dia da reforma, abre-se uma nova vida, há uma transição.» Depois a vida torna-se mais verdadeira: «pensa-se em coisas menos corriqueiras e mais profundas. A superficialidade de cumprir horários e datas tira tempo para outras coisas.» Até há tempo para olhar à volta. «Nos primeiros tempos de reformado, andei de um lado para o outro na Baixa. Redescobri Lisboa ao entrar numa livraria ou ao espreitar para dentro de um café...» Mas foi uma reforma fugaz. Poucos meses depois, voltou ao ativo, sem horários tão rígidos, mas com «muito mais trabalho do que tinha antes». «Tudo entrou nos eixos rapidamente», resume ao olhar para o dia mais longo de uma vida recheada de histórias.

(in *Suplemento Dia D*, jornal *Público*, 5 de dezembro de 2005, adaptado)

Na perspetiva clássica de Beatrice Neugarten (1975), a reforma é um acontecimento de vida que deve ser entendido numa ótica de continuidade entre o que se passou antes e o que se vai passar após o respetivo momento. Desta forma, apesar de podermos situar o acontecimento «passagem à reforma» num dia específico, ele supõe antecedentes, um decurso e consequências. Deste ponto de vista, trata-se de uma tarefa desenvolvimental com que o indivíduo terá de se confrontar, suscetível de modificar as suas perceções, as suas expectativas e os seus objetivos, portanto, com reflexos na sua identidade. Olhando em particular para este último aspeto, um acontecimento como a «passagem à reforma» comporta quer uma situação «crónica» futura (passa-se a estar/ser reformado), quer múltiplas «novidades»; e, porventura, algumas «contrariedades» na vida quotidiana, não sendo possível avaliar o impacto da reforma sem prestar atenção a outras dimensões que lhe estão indissociavelmente ligadas.

Por exemplo, apesar de a associação entre reforma e envelhecimento não ser hoje tão evidente como no passado, trata-se de uma condição que, tradicionalmente, é conotada com o envelhecimento, logo, com implicações mais vastas do que ser «apenas» a retirada da vida profissional. Esta ligação entre a «passagem à reforma» e a «entrada na velhice» pode fazer com que algumas pessoas considerem ser ainda muito cedo para se reformarem, querendo com isso afirmar que é também muito cedo para serem vistas como idosas ou estando rapidamente a caminho de o serem. Mas também é verdade, por outro lado, que muitas pessoas consideram ser preferível reformarem-se antes de sentir que os efeitos negativos do envelhecimento estão a apoderar-se das suas capacidades, aproveitando o tempo de vida à sua disposição para se dedicarem à expressão de interesses e motivações individuais, mesmo que tal signifique riscos ou até reais prejuízos de ordem financeira.

Disposição individual, recursos financeiros, condições de saúde, exigências do local de trabalho, pressões ou vontade da família, políticas de trabalho, ou simplesmente ter atingido a idade legalmente prevista para tal são os fatores habitualmente apontados para a tomada de decisão: «vou reformar-me!». Mesmo quando se diz o contrário, em geral, para qualquer trabalhador, a decisão de se reformar nunca é fácil, pois se há forças que agem num sentido atrativo em direção à reforma, também há forças que puxam para continuar a trabalhar. Esta mistura de razões nunca é facilmente explicável; por um lado, ouvem-se expressões como «estou cansado», «é preciso dar o lugar aos novos» ou «quero ter mais tempo livre», mas, por outro, gozar de boa saúde ou ter um trabalho estimulante podem ser motivos suficientes para que o trabalhador pondere a continuação da atividade profissional por mais alguns anos. Como polos de um íman, estas forças, nem sempre conscientes ao indivíduo, puxam e afastam simultaneamente a decisão da reforma e podem permanecer ativas mesmo depois de esta acontecer, levando a pessoa a arrepender-se da decisão tomada.

De resto, um mesmo fator pode jogar ao mesmo tempo a favor e contra, consoante a forma como a pessoa o interpreta: um incentivo à reforma antecipada pode favorecer a tomada de decisão, mas também pode, em simultâneo, levar o trabalhador a pensar que, se muitos se reformarem, poderá existir uma oportunidade de ele ocupar um lugar mais elevado na hierarquia da empresa. O que para uns podem ser forças que levam à reforma, para outros podem ser forças que estimulam a vontade de continuar a trabalhar; por exemplo, a exigência de aprender novas competências pode causar frustração nalguns trabalhadores mais velhos e levá-los a optar pela reforma, enquanto para outros pode constituir um estímulo e acentuar até a vontade de se manterem no ativo.

Uma das principais variáveis para se analisar o significado psicológico da tomada de decisão subjacente à «passagem à reforma» é, seguramente, a «hora da reforma». Devido às alterações que se têm verificado do ponto de vista demográfico e na dinâmica de funcionamento do mercado de trabalho, encontramos atualmente situações muito diversificadas quanto ao momento que marca a saída da vida profissional e a entrada na reforma: os que se reformam quando atingem o tempo legalmente determinado para tal, os que se reformam mais cedo, os que se reformam porque não se encontram fisicamente capazes de trabalhar (independentemente da idade) e ainda os que não se reformam verdadeiramente numa altura exata, ou porque se vão reformando aos poucos ou porque não desejam, de todo, abandonar a atividade profissional que desempenham. Podemos ainda diferenciar aquelas pessoas que se reformam por vontade própria das que se reformam porque a isso são forçadas; as pessoas que se reformam naturalmente quando o tempo de atividade profissional atinge o seu termo das que se reformam por saturação ou exaustão física e mental; as pessoas que se reformam de forma gradual das que se reformam de forma abrupta.

Comecemos por analisar a reforma «antecipada» ou «precoce», um fenómeno que pode ocorrer por vontade do próprio trabalhador ou devido a circunstâncias diversas que concorrem para que a «passagem à reforma» suceda antes do momento previsto. Para alguns, uma «reforma aos 50» é algo assustador, nomeadamente quando o trabalho constitui uma das principais ou mesmo a principal razão de vida, surgindo inevitavelmente a ideia de reforma associada à ideia de velhice, de inutilidade, de morte próxima. Para outros, contudo, trata-se de uma excelente oportunidade para fazer da vida mais do que alimentar a rotina «casa-trabalho-casa» – algo difícil de acontecer quando a reforma surge numa idade em que a vontade de descansar é maior do que a de empreender, em que a falta de condição física começa a limitar a mobilidade, ou em que a perceção de finitude da vida já se instalou e inibe a conceção de projetos, atendendo ao (pouco) tempo que falta até à morte.

O VOO LIBERTÁRIO DO ALFARRABISTA

João é um homem de 52 anos, um alfarrabista que passa o Verão de feira em feira com os seus livros usados. Sempre teve a paixão pelos livros e abriu mesmo uma loja de livros usados no centro do Porto, pois a vida de bancário asfixiava-o. Assim que conseguiu a reforma antecipada, entregou a loja à filha e, junto com a sua mulher, igualmente uma bancária recém-aposentada, almejou, entre livros amarelecidos ou com páginas enrugadas, que muitos apelidam de «estragados», um ideal de vida, porventura de todos: ambos fazem o que gostam, divertem-se e até arrecadam algum dinheiro extra. «A minha reforma é o meu sustento, isto é a minha liberdade», diz o alfarrabista. «Isto é a minha paixão!» Só assim se percebe que abandone o recato da loja e no Verão parta para as feiras de praia. Transporta, em média, 30 caixotes de livros de 30 quilos cada, mas com a experiência já vai sabendo que determinados autores se vendem melhor em determinados sítios.

(in *Público*, 17 de agosto de 2002, adaptado)

Aparentemente, dadas as atuais perspetivas de longevidade, a ideia de uma reforma antecipada, mesmo comportando algum prejuízo económico, poderá surgir como uma «bênção» ao permitir encarar o período da reforma como uma etapa do ciclo de vida onde se torna possível a concretização de sonhos e projetos sucessivamente adiados. Todavia, este potencial efeito positivo aparentemente só se verifica quando é o próprio trabalhador que escolhe o caminho da reforma precoce, sendo menos evidente quando a pessoa é obrigada a reformar-se. De facto, há razões para também se poder falar numa espécie de «cansaço da reforma» (Fonseca, 2011), sentido especialmente por aquelas pessoas que não tendo conseguido uma adaptação bem-sucedida à nova condição existencial apresentam sinais evidentes de saturação com a vida de reformado. Registe-se que, se no início do século XX a estimativa de tempo passado na reforma era apenas de 7% da vida adulta, hoje é perfeitamente possível que um indivíduo passe mais de 20% da sua vida adulta na reforma, algo particularmente relevante no caso das mulheres dada a sua maior longevidade. É certo, porém, que a experiência da reforma no feminino não pode ser entendida como nos homens. Muitas mulheres na faixa etária dos 50 aos 70 anos estão significativamente envolvidas em tarefas de prestação de cuidados (cônjuge, netos ou mesmo pais idosos), pelo que, para essas, a adaptação à reforma significa não tanto resolver a dicotomia deixar de trabalhar *versus* lazer, mas acima de tudo uma mudança de predomínio de ocupação do tempo: de uma atividade paga para uma atividade gratuita (Burnay, 2011).

Por outro lado, todos os que nasceram após a segunda guerra mundial, e que começam agora a reformar-se, vão não apenas viver mais tempo como também contribuir para a alteração do conceito de envelhecimento e de tudo o que lhe está associado, modificando substancialmente os conteúdos com que habitualmente se descreve esse mesmo conceito. Mas esta é também a geração que se viu confrontada com a obsolescência do saber dos mais velhos, quando comparada com a agilidade tecnológica dos mais novos, e com uma sucessão de alterações dramáticas dos sistemas produtivos, que retiraram do mercado de trabalho expressões como «segurança» do emprego, «previsibilidade» de carreiras e, por fim, a existência de uma «idade» para o início da reforma. Estas alterações produtivas têm sido responsáveis por levar milhões de pessoas para uma reforma antecipada, isto numa altura em que as incapacidades da velhice ainda vêm a 10, 20 ou mesmo 30 anos de distância. Duas consequências resultam daqui.

Por um lado, a generalização das reformas e a sua antecipação em larga escala têm contribuído para a crise, e até risco de falência, dos princípios assistenciais em que se baseiam alguns sistemas de reforma (como o português) tal como existem atualmente. Ao enviar para a reforma adultos que ainda conservam um potencial produtivo considerável, agravam-se os efeitos decorrentes do envelhecimento demográfico no atual regime de segurança social, pois, a breve termo, a geração maioritária que vive apenas de pensões pagas por um número reduzido de ativos acabará por colocar em causa um equilíbrio já instável (Mendes, 2011). Por outro lado, este elevado número de reformados precoces constitui uma geração suplementar que a economia das nossas sociedades não pode desperdiçar; quem hoje tem 50-60 anos nasceu já num ambiente social que predispôs para uma longevidade com boa saúde e, na sua generalidade, com uma educação mais elevada do que as gerações anteriores, isto é, com condições de vida ímpares. Não é por se reformarem mais cedo que a vitalidade e o vigor físico e intelectual das pessoas ficam comprometidos, pelo contrário, hoje vive-se melhor e com a maioria das competências individuais preservada até mais tarde. O prolongamento da esperança de vida permite aos que se reformam precocemente imaginar uma fase nova nas suas vidas, situada entre a vida ativa e a velhice, constituindo um verdadeiro desafio desenvolvimental o que fazer com este tempo, o tempo da «terceira idade», por oposição à «quarta idade», o tempo da velhice dependente e assistida, que ainda tarda a chegar.

A distinção entre uma «terceira idade» e uma «quarta idade» é aqui feita à luz da existência de diferenças qualitativas entre estas «idades da velhice», reduzindo a importância da idade cronológica e destacando o vetor da funcionalidade. Se à terceira idade estão atualmente associadas «boas notícias», expressas numa elevada plasticidade e numa capacidade admirável para regular o impacto subjetivo da maioria das perdas que vão ocorrendo – «aumento da expectativa de vida; elevado potencial latente de manutenção de boa forma (física, mental); gerações sucessivas com ganhos ao nível da forma física e mental; existência de substanciais reservas cognitivo-emocionais; mais e mais pessoas que envelhecem com sucesso; níveis elevados de bem-estar pessoal e emocional; adoção de estratégias eficazes de gestão dos ganhos e das perdas da velhice» –, à quarta idade vêm associadas «notícias não tão boas assim ou mesmo más» – «perdas consideráveis no potencial cognitivo e na capacidade de aprendizagem; aumento de sintomas de stresse crónico; considerável prevalência de demências (cerca de 50% aos 90 anos de idade); elevados níveis de fragilidade, disfuncionalidade, e multimorbilidade» (Baltes & Smith, 2003: 126). Um dos principais desafios que a emergência desta terceira idade levanta, do ponto de vista político e social, é precisamente a necessidade de ser desenvolvida uma cultura positiva e alargada relativamente às pessoas reformadas, sobretudo as que estão nesta idade e que podem ser ativas, num sentido amplo do termo.

Numa interessante análise à questão das reformas antecipadas, Francesco Ceresia (2006) encara-as como uma consequência da forma como os decisores públicos e as empresas têm procurado definir políticas de gestão da «passagem à reforma» adequadas ao tempo presente. Ceresia verifica que a contenção da despesa pública com os sistemas de pensões através da imposição de limitações a certos direitos outrora alcançados pelos trabalhadores (designadamente, no que concerne à idade legal da reforma) tem vindo a ser implementada em toda a Europa. Não há ainda, todavia, estudos que demonstrem até que ponto estas alterações no acesso às reformas têm um efeito real no envolvimento organizacional e na motivação profissional dos trabalhadores, isso além da corrida às reformas antecipadas (o que constitui evidentemente um sinal desse efeito) sempre que tal se afigura possível.[8]

À semelhança de outros países europeus, nomeadamente do sul da Europa, um número considerável de trabalhadores portugueses antecipa a «passagem à reforma» e alarga assim a sua condição de reformado por um período crescente de tempo.[9] Esta situação tem gerado diferentes – e controversas – estratégias de gestão das expectativas relacionadas com a reforma. Estado e cidadãos têm frequentemente entrado em conflito: enquanto o primeiro procura adiar cada vez para mais tarde a idade de acesso à reforma, forçando as pessoas a trabalhar mais tempo e penalizando as reformas antecipadas; muitos cidadãos procuram todas as vias possíveis para obter a reforma o mais cedo possível, mesmo quando a possibilidade de reforma antecipada gera alguma ansiedade, tanto por não saberem o que fazer sem a vida profissional (sendo ainda «tão novos»), como pelo receio de que tal coloque em causa a sua segurança financeira. De qualquer modo, além de variáveis de natureza individual, aspetos como a saturação da vida profissional e fatores organizacionais a ela ligados, ou a incerteza do futuro da segurança social e dos sistemas de pensões tal como hoje os conhecemos, têm levado muitas pessoas a optarem pela reforma antecipada assim que reúnem as condições para tal. É certo que algumas acabam posteriormente por conciliar a reforma com atividades diversas, quer no mesmo ramo de atividade, quer, por vezes, em áreas completamente diferentes das que dedicaram toda a sua vida profissional, fazendo questionar uma vez mais o conceito tradicional de reforma como o abandono definitivo do exercício de uma atividade remunerada.

Embora facilitada por razões de ordem político-económica e por um enquadramento legal que a torna acessível aos trabalhadores que cumpram determinados critérios, a reforma antecipada deve ser vista como uma decisão eminentemente pessoal, sustentada habitualmente pelas seguintes motivações:

- oferta, pública ou privada, de incentivos de reforma («pacotes financeiros») atrativos e suscetíveis de estimular o abandono precoce do mercado de trabalho;
- as constantes alterações às regras de «passagem à reforma», que são, com frequência, a principal razão de saída do trabalhador, quando prevê que a deterioração dos sistemas de pensões pode vir a colocar em causa receber a pensão a que tem direito, não chegando nestes casos a ser necessário oferecer-lhe um prémio monetário de incentivo à saída precoce;
- querer antecipar-se ao risco de ser despedido, de ir «para a prateleira» ou de ver as suas competências esvaziadas à medida que a idade avança, evitando assim os danos que isso poderia provocar na sua imagem pessoal (ninguém gosta de ser tomado como um «trabalhador a prazo», que é o mesmo que dizer um «reformado à vista»);
- quando o contexto de trabalho e o clima organizacional são percecionados pelo trabalhador como desfavoráveis ou mesmo «insuportáveis»;

- quando o trabalhador deixa de sentir que a sua carreira está aberta a novas oportunidades que reforcem o sentimento de realização pessoal, pelo que, ao ver-se confrontado com uma situação profissional que coloca em causa essa possibilidade, simplesmente desinveste e perde a motivação;
- quando existe uma espécie de compromisso ou «contrato psicológico» entre o trabalhador e a empresa, baseado em expectativas acerca daquilo que o trabalhador espera da empresa, e se dá o rompimento desse compromisso gerando no trabalhador o sentimento de ter sido «traído»;
- saturação com a vida profissional («não aguento mais»), dificuldades de adaptação ao local e/ou a colegas de trabalho, ou acontecimentos externos (necessidade de cuidar de um familiar próximo, por exemplo);
- motivos de saúde (agravamento de doenças crónicas ou acontecimentos súbitos);
- vontade de usufruir de mais tempo livre numa altura ainda bastante favorável do ciclo de vida em termos de saúde e condição física;
- valorização de aspetos subjetivos relacionados com o controlo pessoal da vida («a vida é breve e há que aproveitá-la»), desvalorizando aspetos com maior visibilidade social (como a «carreira profissional» ou a «acumulação de riqueza»);
- disponibilidade de poupanças constituídas ao longo da vida, associada à redução das despesas do orçamento familiar com a saída dos filhos de casa;
- reforma de um dos cônjuges, que pode precipitar a reforma do outro, embora seja mais frequente o homem continuar a trabalhar quando a mulher se reforma precocemente do que o contrário;
- procura de mais bem-estar físico, psicológico e social, com a expectativa de que o tempo livre gerado pela reforma proporcione mais oportunidades para atividades físicas, de lazer e de interação social;
- outras variáveis psicológicas: (i) quanto mais perto as pessoas estão da idade da reforma mais longe se sentem do trabalho; (ii) quando se encara o trabalho como um «fardo» menos interesse existe no dia a dia profissional e maior é o desejo de o largar; (iii) quando se atinge um sentimento de «fim de carreira», em que os principais objetivos profissionais foram alcançados, o trabalhador sente-se gratificado pelo trajeto percorrido e pronto para se reformar voluntariamente; (iv) quando se vê a reforma como uma justa recompensa após uma vida de sacrífico e de esforço.

No caso português, uma última explicação plausível para que tantas pessoas desejem reformar-se cada vez mais cedo poderá estar relacionada, como noutras matérias da vida social, com a vontade de «aproximação aos padrões europeus». Se atendermos apenas à «idade oficial» de reforma, os portugueses gozam de menos anos de reforma do que a generalidade dos cidadãos dos restantes países europeus, devido à menor esperança de vida (sobretudo no caso dos homens) e à idade em que se deixa a vida ativa. Os homens portugueses apenas são ultrapassados nas reformas mais curtas pelos trabalhadores da Polónia, Letónia, Estónia e Irlanda, enquanto as portuguesas só encontram pior comparação com as irlandesas.[10]

Pelo contrário, três disposições psicológicas podem ter um papel significativo na tomada de decisão de não antecipar a «passagem à reforma» (Heyma, 2004): medo de comprometer a identidade e o papel social característicos de uma pessoa «ativa» e, com isso, precipitar a exclusão social; receio de não ser capaz de ocupar o tempo livre disponível (a «ansiedade da reforma» é um sintoma psicológico comum, sobretudo imediatamente antes e após a reforma); medo de ser afastado do círculo de relações sociais (às vezes o local de trabalho é o único contexto de socialização exterior à família).

Olhemos agora para os indivíduos que obtêm a reforma «quando chega o tempo dela» e que a veem como uma norma de cariz social, marcada pela inevitabilidade do fim da vida profissional. Neste caso, encontramos naturalmente diferenças substanciais de atitude perante a reforma. Assim, não são comparáveis pessoas para quem a reforma se traduz num autêntico alívio e uma fonte de bem-estar acrescido e pessoas que temem a reforma porque a vida profissional será sempre mais gratificante do que a perspetiva de acordarem de manhã e «não terem nada para fazer». E há ainda, por fim, pessoas para quem a própria ideia de reforma, independentemente da idade em que aconteça, não faz qualquer sentido, subsistindo o sentimento de que o que se fez até então é ainda insuficiente. Também nem todas as formas de se passar à reforma produzem os mesmos resultados. Muitos trabalhadores são unânimes em dizer que prefeririam reformar-se gradualmente a passarem diretamente de uma condição de trabalhadores a tempo inteiro para uma condição de reformados em absoluto. Há estudos que indicam que mais de metade dos trabalhadores gostaria de se reformar desta forma (Hutchens, 2007). Isto é compreensível, sobretudo, quando estamos perante trabalhadores com 30 ou mais anos de vida profissional ininterrupta, representando a reforma um corte em diversos contextos (social, relacional, psicológico, económico), com a vida que sempre conheceram.

Um conjunto de investigadores do Centro de Investigação sobre a Reforma do Boston College salienta que uma transição gradual da condição de trabalhador para a condição de reformado é preferível a uma transição abrupta (Calvo, Haverstick & Sass, 2007). Uma revisão de estudos tem demonstrado, sistematicamente, efeitos positivos desta transição gradual na saúde, no bem-estar e na adaptação ao envelhecimento. Uma reforma gradual permite, igualmente, sublinhar oportunidades para se permanecer ativo, pessoal e socialmente, algo que tem um impacto positivo muito forte na saúde e no bem-estar das pessoas reformadas.

O caminho para uma transição bem-sucedida da vida ativa para a reforma deverá passar, então, pela flexibilização desse processo de transição, diminuindo o impacto do eventual stresse da reforma, mediante uma expansão das oportunidades de reforma gradual ou faseada. Claro que os trabalhadores que dizem preferir uma reforma gradual não o fazem baseados na sua experiência, mas na perceção de que seriam mais felizes se tal se verificasse dessa forma, temendo a rutura absoluta com um padrão de vida conhecido e o confronto com um novo, por cuja definição vão ser inteiramente responsáveis. É verdade, todavia, que muitas pessoas não estão preparadas para se reformarem, seja em que altura for. Isto fica claro quando constatamos a existência de um elevado número de trabalhadores que gostariam de acomodar a reforma aos seus desejos individuais: um em cada três trabalhadores com idade igual ou superior a 55 anos afirma que permaneceria na atividade profissional mais tempo do que o previsto se pudesse reduzir as horas de trabalho (Watson Wyatt, 2004), ao passo que dois em cada três trabalhadores com idade compreendida entre os 50 e os 70 anos dizem mesmo que planeiam trabalhar na reforma (Brown, 2003).

Entretanto, naquelas pessoas que não conseguem desenvolver um padrão de vida alternativo à vida profissional, a reforma pode muito bem suscitar diversos problemas de cariz psicológico, chegando mesmo alguns deles a adquirir uma expressão clínica, mais ou menos grave (Richardson, 2003). Muitas vezes, a «passagem à reforma» constitui uma grande surpresa, chega de forma súbita e inesperada (mesmo se previsível), acabando por fazer com que as pessoas se vejam confrontadas com uma situação que introduz alterações sensíveis nos modos de vida e que gera sentimentos contraditórios. Se, por um lado, o indivíduo vê a reforma como algo desejável, pois ganhará liberdade e controlo sobre a própria vida, por outro lado, os receios sobre o que se passará nos anos seguintes vêm à superfície e podem contribuir para que a ansiedade se instale. Estas pessoas são aquelas que mais poderão beneficiar de um planeamento da decisão de abandonarem a vida profissional – nomeadamente pela frequência de «programas de preparação para a reforma»[11], confrontando-se com algumas mudanças que a «passagem à reforma» e os anos subsequentes provocam. Dessas mudanças, importa destacar:

- a *questão financeira*: a reforma comporta geralmente uma perda de rendimentos, que se torna progressivamente mais acentuada (na reforma não há promoções) e que pode ser ainda mais considerável quando a pessoa mantém encargos financeiros elevados, consigo ou com a família, ou quando os gastos com a saúde crescem;
- os *estilos de vida*: muitas pessoas passam de uma situação em que vivem rodeadas por outras pessoas e envolvidas permanentemente em atividades, para uma situação de quase isolamento social e em que as solicitações são mínimas ou mesmo inexistentes; além disso, quando o valor da pensão é baixo, tal pode impedir a participação em «atividades pagas»;
- o *uso do tempo*: os constrangimentos devidos à «falta de tempo» são coisa do passado, substituídos agora pela preocupação em ocupar o (muito) tempo disponível com atividades úteis, significativas e que deem prazer;
- a *saúde*: se é verdade que o estilo de vida adotado durante a idade adulta vai marcar decisivamente os anos da reforma quanto ao estado de saúde, surgem inevitavelmente novas situações decorrentes do processo de envelhecimento e será sempre de esperar uma quebra da condição de saúde à medida que se avança na idade;
- a *vida conjugal*: uma «passagem à reforma» desfasada entre os cônjuges e mudanças de papéis no âmbito da vida conjugal podem ser um foco de stresse e comprometer o bem-estar psicológico;
- a *vida familiar*: depois de ultrapassado o período de «ninho vazio», os netos (quando existem) começam a preencher progressivamente o espaço deixado vago pelos filhos, emergindo um novo papel, o de avô/avó; entretanto, começam a morrer familiares e as relações com os filhos adultos passam a contemplar também um carácter assistencial (que se acentua à medida que a dependência vai aumentando);
- as *relações sociais*: uma das principais preocupações expressas pelos indivíduos acerca da reforma tem que ver, precisamente, com a eventualidade do abandono da vida profissional corresponder a uma diminuição de relações interpessoais, empobrecendo o dia a dia e comprometendo a integração social;

- a *própria identidade* (pessoal e social): o estatuto profissional confere uma determinada identidade («sou professor», por exemplo) e pode ser sinónimo de importância, de poder e de reconhecimento social, algo que tende a desaparecer com a entrada na reforma («sou ex-professor...»), podendo originar uma sensação de perda de identidade e de alguma indiferenciação social.

Abordemos agora a «idade» ou a «hora» da reforma centrando a nossa atenção numa contradição essencial da situação presente: de um lado, a vontade dos Estados de prolongar a vida profissional para fazer face ao financiamento das reformas; do outro, a vontade de encurtar a vida profissional por parte de muitos trabalhadores que pretendem gozar o melhor possível a fase descendente do ciclo de vida, mas também dos empregadores, que veem aí uma forma de melhorar a competitividade das empresas. A coexistência destas duas tendências, contraditórias, é um problema tão importante quanto pertinente: como falar de uma reforma plena perto dos 70 anos de vida quando o desejo da maioria dos trabalhadores é que o fim da vida profissional ocorra, como já vimos, muito antes dessa idade?

Para Xavier Gaullier (2009), a «cultura das reformas antecipadas» conduz-nos à ideia de reorganização do tempo social no conjunto da existência humana e ao interesse de procurar conhecer o que significa a reforma no ciclo de vida, independentemente da idade em que acontece. Vivemos numa época histórica em que a longevidade não para de aumentar e em que o debate sobre as reformas se centra habitualmente na idade da reforma, no seu financiamento e nas modificações a introduzir nos sistemas de prestações e repartição. Todavia, para lá da perspetiva financeira, o conceito de reforma encaminha-nos sempre para a organização dos tempos sociais: está ligado ao emprego e à carreira, às ponderações individuais e coletivas entre tempos de trabalho e tempos de lazer. Através do debate macroeconómico e financeiro joga-se a organização social dos percursos de vida, mas também caberá sempre aos indivíduos tomarem decisões acerca da gestão que pretendem fazer do seu ciclo de vida.

As razões do prolongamento da vida profissional são evidentes. Num contexto de aumento da esperança de vida, de entrada mais tardia no mercado de trabalho e de melhoria das condições de saúde após os 60 anos, trabalhar mais tempo e descontar mais dinheiro contribui favoravelmente para o equilíbrio financeiro dos sistemas de reforma. Mas há aqui um conflito entre vários interesses divergentes: os poderes públicos, os empregadores e os trabalhadores. Qual a sua origem? Durante muitos anos, diversas medidas de pré-reforma e de incentivo à reforma antecipada foram sendo generosamente utilizadas pelos diversos governos, gerando um efeito perverso e fazendo crer que a reforma era não só um direito como um direito que se poderia usufruir desde cedo, uma espécie de prémio pelo simples facto de se ter trabalhado. Podemos identificar três razões que ajudam a explicar porque é que os Estados (e as empresas) promoviam a reforma cedo: (i) uma produtividade geral mais baixa por parte dos trabalhadores mais velhos, associada a condicionalismos como condições e horários de trabalho, formação, motivação, mobilidade e saúde; (ii) as vantagens naturalmente decorrentes da substituição de trabalhadores mais velhos por trabalhadores mais novos: mais baratos, mais bem formados, mais disponíveis (mais «frescos»...) e mais inovadores; (iii) a possibilidade de redução de custos de trabalho através da dispensa de trabalhadores mais velhos e pouco versáteis.

Esta racionalidade tem atirado para a reforma milhares de pessoas que não se coadunam com o perfil clássico ainda associado à reforma, definido essencialmente por três dimensões: fim definitivo da atividade profissional, obtenção de rendimentos exclusivamente através de uma pensão de reforma, experiência dos primeiros efeitos negativos decorrentes do processo de envelhecimento. O modelo de reforma baseado numa lógica de proteção social dos riscos ligados à velhice desaparece progressivamente; o fim da vida profissional acontece cedo no ciclo de vida e as incapacidades da velhice só surgem bem depois do início da reforma, não havendo necessariamente coincidência entre as três modalidades de envelhecimento que antes convergiam na idade de reforma: a profissional, a social e a biológica.

Podendo acontecer nalgum momento da franja etária dos 50 aos 70 anos, a reforma torna-se num processo e não num acontecimento; deixa de estar circunscrita a uma «idade» previsível e torna-se plural não apenas na sua definição mas igualmente na diversificação do seu conteúdo e correspondente financiamento. O «novo reformado» não fica unicamente circunscrito ao lazer e ao gozo da pensão, pois, ao usar frequentemente a reforma para iniciar uma nova carreira ou continuar a anterior noutros moldes, alarga a sua atividade e obtém fontes de rendimento complementares.

A modernização do envelhecimento e dos estilos de vida a ele associados criou então uma nova categoria de reforma, por oposição a uma reforma que era de curta duração, condicionada pela idade tardia do fim da vida profissional e de uma esperança de vida curta. Uma reforma destinada ao repouso e à vida familiar deu origem a uma reforma consagrada à possibilidade de participação social e de concretização de interesses e aspirações individuais. Esta evolução do que significa o tempo de reforma e do que se pretende atingir com ele acarreta consequências evidentes na recomposição da importância dos acontecimentos significativos desta fase da vida. Antes, a «passagem à reforma» marcava decisivamente a emergência da perceção de que se está a envelhecer, agora são outros os acontecimentos que a sinalizam: o nascimento dos netos, a morte dos familiares mais velhos, o aparecimento de certas doenças.

O modelo dominante de organização dos tempos sociais da sociedade industrial cristalizou a divisão do ciclo de vida em etapas. Com base na idade cronológica, há uma normalização do ciclo de vida em três etapas, colocando o trabalho no centro da vida: há um período de preparação para o trabalho, um período de trabalho e um período de descanso do trabalho. Definem-se funções específicas para cada período da vida: a infância e juventude destinam-se à formação, a idade adulta à produção, a velhice ao repouso. As etapas sucedem-se e cada indivíduo procura corresponder, com a segurança que isso transmite, ao que é esperado em cada uma delas, em termos sociais, psicológicos e biológicos. Com as reformas antecipadas este modelo fica completamente posto em questão: milhares de indivíduos relativamente novos e a gozar de boa saúde encontram-se perante um desafio de reconfiguração de significado dos tempos sociais, que também é um desafio identitário e sem modelos pré-existentes.

No contexto atual, o modelo da divisão tripartida do ciclo de vida está em vias de desaparecimento e tende a ser substituído por um modelo de pluriatividades em cada idade, de recomposição da educação, do emprego e da família ao longo de toda a vida. A tendência para a «dessincronização» entre emprego, formação e reforma acentuar-se-á no futuro. Aos 60 anos o indivíduo já não está «condenado» a aguardar serenamente que a velhice chegue; pelo contrário, pode voltar à escola, pode iniciar-se numa nova carreira. Esta pluriatividade faz com que seja impossível isolar cada tempo social e o que dele é esperado, reconhecendo que a natureza e o conteúdo de cada etapa da vida evoluíram, tornando-se até certo ponto imprevisíveis, limitados apenas pelas condições impostas pelo tempo biológico. Finalmente, o cumprimento de uma «carreira» deixa de ser obrigatoriamente o elemento integrador do ciclo de vida, à volta do qual toda a vida gira e ao qual tudo o resto se sacrifica.

No fundo, é toda a organização clássica da vida profissional que hoje se encontra «perturbada»: a juventude prolonga-se, a saída de casa é cada vez mais tardia, o nascimento dos filhos é adiado, a obtenção de um emprego estável tarda ou nunca é verdadeiramente alcançada, a fundação de uma nova família é adiada ou mesmo abandonada, o risco de desemprego surge a todo o momento, é frequente a falta de ligação entre a formação que se fez e a profissão que se tem. Naturalmente, este conjunto de alterações a montante reflete-se no fim da vida profissional e na transição para a reforma. Tal como a juventude, também a velhice se prolonga, decorrendo hoje entre os 60 e os 100 anos, modelada pelo paradigma do «envelhecimento ativo» (OMS, 2002) e desafiando cada indivíduo a ser idoso sem ser velho. Muitos reformados são hoje adultos mais velhos (com saúde e capacidades físicas e psicológicas intactas) e não propriamente pessoas velhas. Neste longo período de existência coexistem e articulam-se múltiplas dimensões da vida e da realização humana: trabalho, voluntariado, atividades domésticas e de cuidado, lazer, formação, participação cívica. A divisão anterior que estipulava tarefas específicas para cada tempo da vida, sem sobreposição entre elas, já não funciona.

Neste âmbito, o que é a idade adulta? Um período onde se concentram uma carreira profissional e um conjunto de responsabilidades profissionais e cívicas, relações amorosas, sociais e familiares; 30-40 anos decisivos para a identidade pessoal e ao mesmo tempo tão sobrecarregados. No contexto de um ciclo de vida mais flexível, uma gestão contemporânea das etapas que o constituem incita ao aparecimento de novas modalidades de ocupação do tempo. A gestão da ideia de reforma será certamente mais dinâmica no futuro, por exemplo, através da criação de «minirreformas» ao longo da vida profissional como alternativa à existência de uma «megarreforma» no fim da vida profissional, que já não corresponde exatamente ao fim da vida como sucedia no tempo de Bismarck.

Uma sociedade de pluriatividade responde a novos valores no quadro do individualismo contemporâneo, no qual as pessoas não fazem escolhas só em função do trabalho, mas, acima de tudo, para se valorizarem a si mesmas e às suas identidades. Isso ajuda a explicar a corrida às reformas antecipadas; um determinado trabalho e uma determinada carreira só fazem sentido se continuarem a corresponder a uma necessidade de segurança económica, obviamente, mas também a algo mais. A relativização do valor das carreiras profissionais ajuda a explicar porque tantas pessoas abdicam tão cedo da sua vida profissional, mesmo quando concretizada em carreiras diferenciadas e reconhecidas socialmente. A autonomia, a liberdade de uso do tempo e a concretização de aspirações individuais são valores cada vez mais procurados, não apenas pelas novas gerações mas também pelos mais velhos, que procuram apropriar-se do tempo de vida que lhes resta sem o confinar ao tempo de trabalho.

5. A condição de reformado

Na obra *Reforma e Reformados* demonstrei a existência de diferentes modelos que explicam as consequências, para o indivíduo, do processo de transição para a reforma e respetiva adaptação (Fonseca, 2011). Atendendo à enorme variabilidade de experiências de vida que podemos encontrar nas pessoas mais velhas, qualquer um desses modelos pode explicar a forma como as pessoas vivem e se adaptam a este momento das suas vidas. De facto, a instauração de sistemas universais de reforma após a segunda guerra mundial marcou uma etapa importante não apenas no desenvolvimento da solidariedade pública mas também na transformação da construção de percursos de vida após a meia-idade.

Numa primeira fase, a reforma era largamente percebida como a derradeira etapa da vida, marcada pelo declínio físico e mental e sinónimo de um merecido tempo de descanso no termo de uma vida dedicada à profissão. É a este propósito que Cumming & Henry (1961) propõem uma teoria dita do «desligamento», a qual defende que o envelhecimento implica uma redução de interações sociais e uma reforma não apenas da vida profissional mas também da vida social. Este desligamento seria mesmo «desejado» e teria uma função na procura de um bom envelhecimento: libertando-se das suas obrigações profissionais e sociais, a pessoa ficaria mais disponível para se adaptar às exigências da idade, cuidando mais de si e menos de preocupações alheias. A «teoria da atividade» envereda por uma perspetiva diametralmente oposta na explicação da adaptação à reforma. Segundo esta teoria, o reformado adapta-se melhor à nova condição quando não perde o papel ativo associado à condição de trabalhador, sendo a adaptação tanto mais facilitada quanto mais ele se mantiver ligado às atividades que realizava anteriormente ou encontrar outras que as substituam. Um dos principais defensores desta teoria, Havighurst (1954), argumentava que para se conseguir um envelhecimento satisfatório é necessário manter na velhice os padrões de atividade e os valores típicos da idade adulta, atingindo-se uma felicidade tanto maior quanto mais se conseguir «negar» o envelhecimento, fazendo perdurar tudo o que caracterizou o tempo de vida anterior à velhice. Na reforma, as atividades laborais deverão, pois, ser substituídas por atividades compensatórias; quanto maior e mais diversificado forem, respetivamente, o número e o tipo de novas atividades assumidas pelo reformado, melhor será a sua adaptação ao fim das obrigações laborais anteriores.

À semelhança da teoria do desligamento, a teoria da atividade também não gera um consenso fácil, sobretudo quando insiste na ideia de que as pessoas reformadas podem manter o mesmo nível de atividade de outrora, ignorando as consequências decorrentes das transformações biológicas e do afastamento do indivíduo do emprego produtivo – a sua principal atividade durante a idade adulta e não facilmente substituível por «outras atividades». Apesar da validade desta objeção, os pressupostos da teoria da atividade permitem, contudo, ultrapassar uma armadilha comum. Estando a felicidade, nas sociedades contemporâneas, muito associada à produção de rendimento, a inexistência de um trabalho produtivo gera facilmente uma visão do reformado como um ser pouco solidário, ocioso ou mesmo inútil, fomentando a ideia de que «ser profissional» constitui um imperativo para a definição de uma imagem socialmente válida. Ora, deve ponderar-se que, após a reforma, há muitas atividades de natureza não-profissional (cuidado de netos ou de outros familiares, voluntariado, participação social diversa, etc.) cujo desempenho pode igualmente ser tomado como válido e útil do ponto de vista social. Além de manter o indivíduo ativo, tais atividades podem na realidade satisfazer os seus gostos e interesses, promovendo assim um envelhecimento satisfatório.

Em 1972, Anne-Marie Guillemard publicou em França a obra *La Retraite. Une Mort Sociale*, na qual demonstrava a existência de múltiplas formas de viver a condição de reformado, por ela designadas como «tipologias de reforma». Dentro de uma tradição sociológica, atribuía então à reforma uma dupla significação: afastamento do circuito de produção e direito a um repouso remunerado, ou seja, ao mesmo tempo que a reforma assegurava uma garantia contra a miséria, significava também a perda de capacidade de trabalho dos mais velhos e a respetiva desvalorização. A «passagem à reforma» corresponderia, assim, ao «momento mais importante» de reestruturação dos papéis sociais. Assumindo que a vida gira em torno de dois mundos, o trabalho e a família, ao deixar-se o primeiro, só o segundo poderá assegurar o equilíbrio social e pessoal, não ignorando que o afastamento da atividade profissional constitui uma perda a vários níveis: profissão, dinheiro, relações, estatuto social.

Guillemard sugeria a existência de uma oposição entre trabalho e não trabalho: o trabalho define a posição do ator na estrutura social, o não trabalho representa a exclusão do circuito da atividade social. Por essa altura, em França, a forma de vida mais frequente entre os reformados, e de algum modo emblemática da sua condição, era a *retraite-retrait* (traduzida habitualmente por «morte social»), caracterizada não só pela pobreza económica mas também pela fraqueza dos laços sociais e familiares e pela ausência de inserção em outros campos da atividade social. Esta descrição de uma «morte social» associada à reforma é, provavelmente, o traço mais lembrado desse trabalho de

Guillemard e aquele que continua a alimentar um considerável número de representações comuns sobre a «passagem à reforma», afirmando-a como uma transição problemática. Porém, o entendimento original de Guillemard era de que a *retraite-retrait* não consistia numa forma de adaptação à reforma e ao envelhecimento, mas, pelo contrário, resultaria essencialmente de um défice de recursos (aqui entendidos num sentido largo: recursos económicos, sociais, culturais, de saúde), os quais, não tendo sido acumulados ao longo da vida profissional, redundam em desigualdades e exclusão nesta fase da vida. De resto, o trabalho pioneiro de Guillemard na identificação de tipologias de reforma mostra que existem, entre os reformados, várias modalidades de transição e adaptação à reforma que traduzem experiências de vida bem diferentes umas das outras.

Ao mesmo tempo que Guillemard publicava esta obra, em 1970 Simone de Beauvoir publicava *La Vieillesse*, partilhando dessa mesma visão da reforma como uma «morte social» e não escondendo que constitui um verdadeiro drama individual: «ser brutalmente precipitado da categoria dos indivíduos ativos para a categoria dos inativos e ser classificado como velho, sofrer uma diminuição substancial dos seus recursos e do seu nível de vida, é na imensa maioria dos casos um drama que comporta graves consequências psicológicas e morais» (Beauvoir, 1970: 279). Para Beauvoir, as mulheres adaptam-se melhor do que os maridos a esta condição: «Dona de casa, mulher de interior, a sua situação confunde-se com a dos camponeses e dos artesãos de outros tempos: para ela, trabalho e existência confundem-se. Nenhum decreto exterior interrompe brutalmente as suas atividades» (1970: 280). Pelo contrário: «Na vida do homem a reforma introduz uma radical descontinuidade; há uma rutura com o passado; o homem deve adaptar-se a um estatuto novo que lhe traga certas vantagens – repouso, lazer – mas também graves desvantagens: empobrecimento, desqualificação» (1970: 280).

Quando o trabalho é escolhido livremente e constitui uma via – às vezes «a principal via» – de felicidade e realização pessoal, renunciar-lhe pode de facto equivaler a uma espécie de morte. Mas também é verdade que quando o trabalho representa uma contrariedade, a sua dispensa pode ser vista como uma libertação. No fundo, o trabalho produz quase sempre um sentimento de ambivalência: ao mesmo tempo que desgasta e causa fadiga, também constitui um desafio às nossas capacidades, entusiasma e é um fator de integração na sociedade. Esta ambivalência reflete-se justamente no momento da «passagem à reforma», encarada simultaneamente como desejada e/ou temida.

Obviamente que a visão sobre a velhice que transparece em *La Vieillesse* deve ser encarada como uma consequência lógica das escolhas filosóficas e políticas da ensaísta. A sociedade capitalista é acusada por Beauvoir de pôr de lado os velhos, considerando-os improdutivos e condenando-os assim à miséria. «A velhice denuncia o falhanço da nossa civilização. É preciso refazer completamente o homem, é preciso recriar todas as relações entre os homens, se quisermos que a condição de velho seja aceitável» (Beauvoir, 1970: 280). «O homem velho é o reformado, quer dizer, o homem sem funções, distinto do adulto, definido pelas suas funções sociais» (1970: 280). Que fazer da velhice, então? A resposta é simples: imprimir um sentido à vida, ajudar os indivíduos a procurar um trabalho social ou político, intelectual, criador. Emancipar o velho é não deixar morrer o adulto que nele ainda habita, para que a velhice possa ser «silenciada». Mas ao mesmo tempo, reconhece Simone de Beauvoir, a solução é complexa numa sociedade completamente obcecada com a produtividade dos seus cidadãos e que encara os velhos como inúteis, uma fonte de problemas sociais e de dispêndio de verbas elevadas para os manter vivos.

Sem dúvida que a condição de reformado se transformou profundamente desde a década de 1970: recuo da idade de cessação da vida profissional, elevação da esperança de vida, promoção generalizada da saúde, melhoria substancial das condições de vida (situação financeira, habitação, mobilidade), presença crescente na sociedade de consumo e de lazer. Estas mutações deram origem ao nascimento e à consolidação de uma nova idade da vida – a terceira idade –, que emergiu como um período do ciclo de vida cheio de potencialidades entre o momento da «passagem à reforma» e o aparecimento das incapacidades severas da velhice, que passa a ser cada vez mais conotada com a chamada «quarta idade» (Fonseca, 2006). A evolução da condição de reformado e a reconfiguração das «idades da velhice» reduziram fortemente a ligação entre reforma e exclusão que poderia existir nas décadas de 1960 e 1970 e que, embora em diferentes registos, tanto Anne Marie Guillemard como Simone de Beauvoir colocaram então em evidência. Para isto também contribuiu a instauração dos sistemas universais de reforma, os quais marcaram uma etapa importante no desenvolvimento da solidariedade pública e da construção social de um percurso de vida ao permitirem à pessoa reformada passar a dispor de uma pensão que lhe garantia segurança para encarar o resto da vida com outra perspetiva que não fosse apenas sobreviver.

É verdade, porém, que Paillat e colaboradores (Paillat, Attias-Donfut, *et al.*, 1989) analisaram, no final da década de 1980, a reorganização dos modos de vida após a reforma e observaram numa minoria de reformados a presença de um padrão de vida que classificam como «reforma-abandono», caracterizado por um nível fraco de atividade, um número limitado de contactos familiares e sociais, e ausência de participação social. Estamos, uma vez mais, perante o cruzamento de aspetos de ordem social e de trajetórias biográficas: este modo de vida está ligado a um nível geral de recursos bastante baixo e a um mau estado de saúde, a uma apreciação negativa sobre a existência e à expressão de mal-estar e insatisfação generalizada com a vida atual. Só que, aparentemente, a minoria a que Paillat e seus colaboradores se referiam continua a funcionar como a representação dominante. Pouco otimista relativamente a qualquer padrão de reforma, o escritor brasileiro Rubem Alves ainda há não muitos anos escrevia: «Os feitos de homens aposentados não são bons para fazer literatura. Faltam-lhes os ingredientes que dão sabor a uma narrativa movimentada. Já não se prestam a façanhas atléticas, estão fora da briga pelo poder e não são os tipos ideais para grandes aventuras amorosas» (Alves, 2004: 78).

Em 2002, Anne-Marie Guillemard revisita a sua obra publicada 30 anos antes e conclui, sem surpresa, que a reforma como «morte social» regredira fortemente em França, surgindo agora dois tipos de reforma mais frequentes, a «reforma terceira idade» e a «reforma lazer», associados ao ócio e ao consumo de bens e serviços. Guillemard destaca também a emergência de uma nova modalidade de comportamento entre os reformados, a qual designa por «reforma solidária». Que a caracteriza? Trata-se do envolvimento em atividades associativas e de voluntariado: após o «trabalho-mercado», os reformados investem em «trabalho livre». Sem desprezar o lazer, os «reformados solidários» reivindicam investimentos múltiplos no trabalho voluntário, em atividades na comunidade, na família, na vida associativa. Tentam demonstrar que a reforma não é apenas o momento onde se pode «gozar a vida»; é também a altura em que é possível colocar as competências que ainda lhes restam ao serviço de toda a coletividade, o que simultaneamente os vai ajudar a permanecer integrados na vida social. Esta nova figura da «reforma solidária» coloca em questão a clássica distribuição ternária dos tempos sociais ao longo do ciclo de vida (estudo-trabalho-lazer) e reivindica uma forte articulação entre formação, trabalho (livre) e lazer, combatendo a segregação por causa da idade. Através de uma «reforma solidária» a reforma deixa de ser simplesmente a idade da «vida após o trabalho» para ser a idade em que a atividade produtiva dá lugar à atividade livre, escolhida pela própria pessoa (Guillemard, 2002).

Em Portugal, num trabalho de investigação baseado nos estudos de Guillemard, Joana Guedes (2015) analisou a validade da existência de tipologias de reforma numa amostra de 540 indivíduos reformados há mais de um ano, do concelho de Matosinhos, de ambos os sexos e não institucionalizados. Foi verificada a seguinte tipologia de «práticas de reforma»: «baixos recursos», «exclusão e retraimento», «família», «dinamismo sociocultural e relacional», evidenciando-se estas duas últimas como as mais promotoras da satisfação e integração social dos reformados. De resto, as conclusões deste trabalho confirmam o pressuposto de que as oportunidades ao longo da vida condicionam o modo como se vive a reforma. Tal como Guillemard constatou em França há 40 anos, ainda hoje se verifica, embora com menor expressão, uma prática de «exclusão e retraimento» (equivalente à «morte social» de Guillemard). Associada a uma prática designada «baixos recursos», a prática de «exclusão e retraimento» é suscetível de conduzir os indivíduos reformados a situações de isolamento social. No estudo *Os Reformados e os Tempos Livres*, Maria João Valente Rosa (2015) verifica que os atuais reformados portugueses se dedicam menos a atividades de lazer e passam mais tempo em casa quando comparados com os reformados em 1998, impondo-se uma atividade privilegiada: ver televisão. É certo que, segundo a autora do estudo, o aumento do tempo passado em casa não significa necessariamente um aumento de solidão ou um desinteresse generalizado pelo que se passa «lá fora». Ao contrário do que sucedia no final do século XX, as novas tecnologias – em particular a Internet – permitem aos reformados de hoje encarar a interação com o mundo e com os outros de um modo completamente diferente do que acontecia no passado. No fundo, é o reconhecimento de que também em idades mais avançadas (e não apenas na juventude e na idade adulta) ocorrem mudanças no modo como se vive o tempo livre, em função de escolhas e de decisões individuais que não ignoram os novos paradigmas da comunicação interpessoal e da ocupação do tempo.

Uma consequência desta forma de encarar a reforma, e o processo de envelhecimento em geral, prende-se ao que Moen e Wethington (1999) designam como o «lado subjetivo» da questão, isto é, «a forma como os indivíduos se veem a si mesmos e às suas vidas, bem como o papel ativo que assumem ao desenharem e redesenharem as respectivas histórias biográficas». Este aspeto fora já salientado por Davis (1992: 2), para quem «as mudanças na meia-idade têm um papel muito significativo nas nossas vidas, dado que a forma como lidamos com elas pode afetar profundamente o modo como viveremos a nossa velhice», sendo caso para dizer que estaremos um passo à frente se soubermos, ou conseguirmos, antecipar as respostas aos acontecimentos que nos esperam no futuro, preparando a sua ocorrência mais ou menos provável.

Na verdade, algumas mudanças são tão comuns a partir da meia-idade que podemos conscientemente pensar na forma como vamos lidar com elas. É por isso que faz sentido, por exemplo, pensar na preparação da reforma analisando as implicações desse acontecimento e prevendo formas de reação à sua ocorrência: «Uma preparação cuidada da reforma e de tudo o que envolve esta fase da vida, num sentido alargado (objetivos a atingir, estilo de vida a adotar, preservação da saúde, condições de vida, residência, finanças, ocupação do tempo), confere maior controlo sobre a vida pessoal, alarga as opções disponíveis e torna obsoleta a questão "porque é que eu não pensei nisto antes?"» (Davis, 1992: 4).

Contudo, nem sempre se faz essa preparação, por desinteresse ou impossibilidade real. Alguns fatores podem concorrer para dificultar a adaptação do indivíduo às mudanças que se verificam na sua vida após a reforma (Fonseca, 2011): a ausência da participação no mundo do trabalho; o sentimento de solidão e de perda de utilidade social; a ausência de rotinas que preencham o quotidiano; o impacto da mudança de estatuto social na imagem pessoal, no quotidiano e nas relações (a representação social associada à condição de «pensionista» tende a ser cada vez mais negativa); a diminuição ou perda de rendimentos; a perda de redes de sociabilidade provenientes do trabalho; o abandono de uma «carreira profissional» que ajudava a definir uma determinada identidade social. O plano emocional deve, também, ser considerado; uma vida anterior focalizada unicamente na família e no trabalho tende a revelar-se insuficiente para lidar com os desafios da vida pós-reforma e essa insuficiência pode trazer consigo perturbações ao nível afetivo, gerando situações de particular vulnerabilidade (traduzidas em comportamentos de risco) ou mesmo de patologia (depressões, por exemplo). Isto também pode suceder quando, ao envelhecermos, a avaliação do estatuto atual gerar saudades do que fomos, nomeadamente quando o presente não confirma o que o passado faria supor que viesse a acontecer. Após uma vida em que a dimensão profissional monopolizou o quotidiano e retirou disponibilidade para outros interesses, em que o trabalho esteve sempre à frente de tudo o resto, é frequente encontrarmos nessas pessoas, após a reforma, uma atitude amargurada por não terem ou receberem agora aquilo de que estavam à espera, seja dinheiro, seja reconhecimento social. Nestes casos, pesará certamente muito na satisfação com a vida presente um enorme sentimento de deceção («trabalhei tantos anos para isto...»), agora que se está reformado e já não se tem a oportunidade de voltar atrás.

Davis (1992) sugere, ainda, que as pessoas que ao longo da sua vida investiram fortemente no desempenho de um papel circunscrito (ser pai/mãe, ser profissional) possam sentir maiores dificuldades nesta fase da sua vida e vivê-la de forma mais stressante. É plausível admitir que a experiência de dificuldades particulares perante as mudanças típicas da meia-idade (na família ou no trabalho) se deva a uma dificuldade geral de ajustamento aos acontecimentos que excedam claramente as capacidades individuais de resposta. Todavia, se é certo que, para a maioria, a meia-idade traz consigo mudanças acentuadas na família, no trabalho e na saúde, também é certo que estas mudanças não podem ser tomadas imediatamente como perdas, tudo depende do modo – necessariamente subjetivo e com uma grande margem de variabilidade entre os indivíduos – como a pessoa as experimenta e as integra na sua vida. No plano individual, algumas variáveis mediadoras da capacidade adaptativa assumem uma influência decisiva, como sejam as atitudes perante o trabalho e o lazer, a saúde, a conjugalidade, a escolaridade, a situação económica e a valorização que dela se faz, o planeamento e a ocupação de tempo livre, o local de residência, a rede social de apoio e, naturalmente, a passagem do tempo (que aqui coincide com o envelhecimento).

Finalmente, o processo de adaptação à reforma será mais ou menos bem-sucedido dependendo também da forma como cada um se prepara para esse momento. A variabilidade interindividual, como em qualquer outra experiência de transição no decurso do ciclo de vida, é neste caso agravada pela inexistência de modelos suscetíveis de estimular ou simplesmente inspirar o ajustamento a esta nova etapa do ciclo de vida. O grande desafio será sempre o de encontrar novos papéis, não exclusivamente o profissional, que contribuam para a preservação da identidade pessoal e do sentimento de utilidade social. Mas incorporar as transições inerentes à reforma na vida pessoal leva o seu tempo. É preciso dar tempo para sair do papel anterior e desenhar uma nova vida. Quer se trate de um antigo administrador de empresas ou de um empregado de balcão, é necessário desligar-se progressivamente da sua antiga vida e mover-se em direção a uma vida diferente.

Nos seus estudos sobre a reforma, Nancy Schlossberg (2004) descobriu múltiplas possibilidades de ajustamento à vida de reformado: alguns continuam a fazer, embora de uma forma modificada, aquilo que sempre fizeram; há quem experimente novas atividades (o professor que se transforma em cozinheiro...); outros arrastam-se vivendo um dia atrás do outro; os mais endinheirados viajam; outros, infelizmente, desligam-se; e muitos, obviamente, combinam percursos. Para Schlossberg, cada reformado vai construindo uma espécie de «portefólio psicológico», que combina: (i) «identidade», que é um elemento chave neste «portefólio» – como é que a pessoa se identifica perante os outros? Ou quando conhece alguém? –, uma vez que reformado muitas vezes significa ser desocupado ou, pior ainda, ser ex-qualquer coisa, e que incorporar uma nova identidade leva tempo; (ii) «relações interpessoais», nas quais o reajustamento às relações conjugais e familiares pode ser uma tarefa crítica, dado que o maior tempo disponível gera trocas de natureza interpessoal necessariamente novas, pois não se verificaram durante os 30 ou 40 anos em que a relação tantas vezes se limitava aos finais do dia e aos fins de semana; (iii) «envolvimento», visto que o trabalho proporciona às pessoas não só capital financeiro mas igualmente capital social e que, após a reforma, continuar a atividade profissional em regime de tempo parcial ou participar num trabalho voluntário são formas efetivas de preservar o capital social. Muitos estudos sugerem a existência de uma relação positiva entre voluntariado e saúde mental. O trabalho leva a pessoa a sentir-se competente, útil e importante, dado que a sua vida continua a ter um significado e um propósito.

Uma visão combinatória destas dimensões constitutivas do «portefólio psicológico» de uma pessoa reformada ilustra bem uma ideia central: tal como sucede com o próprio envelhecimento, a reforma nunca será experimentada por todos os indivíduos da mesma forma. Isto ocorre porque reforma e envelhecimento decorrem de percursos individuais, condições de vida e contextos socioculturais também eles diversos e não repetíveis de pessoa para pessoa. E se a reforma representa uma adaptação a uma nova fase da vida feita de reestruturações e aprendizagens, naturalmente que essa adaptação será tanto mais facilitada quanto mais se desvanecer a ideia de declínio e incapacidade associada ao envelhecimento, a qual contribui inevitavelmente para a formação de representações negativas. Felizmente, são cada vez mais os exemplos de pessoas reformadas que não se resignam a uma visão fatalista do envelhecimento e das suas consequências, encarando este período do ciclo de vida como uma fase que, entre outras tarefas, também pode ser de concretização de projetos individuais, uns completamente novos, outros tantas vezes adiados ao longo de décadas.

É certo que analisando a forma como as pessoas lidam com a «passagem à reforma» e com o respetivo processo de adaptação, poderemos constatar o aparecimento de alterações sensíveis no funcionamento de alguns indivíduos, com inevitáveis consequências para o seu bem-estar psicológico. Para a maioria das pessoas, a «passagem à reforma» não assinala apenas o fim da atividade profissional, é também o fim de um período longo que marcou a vida, moldou os hábitos, definiu prioridades e condicionou desejos, podendo ser ora um momento de libertação e de renovação, ora um momento de perda e sofrimento. Apesar de ser uma ideia muito difundida, a possibilidade da «passagem à reforma» constituir um acontecimento stressante não é, contudo, uma ideia partilhada de forma unânime pela comunidade científica.

Na verdade, muitos estudos realizados ao longo dos últimos 20-30 anos na Europa e na América do norte concluíram, genericamente, que a reforma não está associada a quaisquer consequências negativas, tratando-se de um acontecimento que a generalidade das pessoas encara com naturalidade ou mesmo com entusiasmo. Duas observações impõem-se, porém, quando se analisam estes resultados.

Por um lado, a maior parte dos estudos sobre o impacto psicológico da reforma não tem em conta a diferenciação entre duas situações: a reforma como uma «transição» e a reforma como um «estado». Na verdade, os efeitos stressantes da reforma sobre aspetos como a saúde, a relação conjugal ou o bem-estar psicológico podem ter uma interpretação substancialmente diferente se forem lidos à luz de uma «passagem à reforma» recente, ou se, pelo contrário, os lermos no quadro de uma situação de vida já devidamente «instalada». No caso do impacto sobre a saúde, por exemplo, o stresse experimentado por reformados recentes (desde há um ano) pode, com efeito, induzir a estados de saúde efetivamente correlacionados com essa transição, ao passo que o facto de se estar reformado há já algum tempo, ou mesmo há bastante, acaba, provavelmente, por não constituir uma variável de correlação significativa (onde uma condição de saúde desfavorável estaria mais dependente de fatores ligados ao processo de envelhecimento do que propriamente à reforma). Através de um estudo que visou quantificar a associação entre a «passagem à reforma» (e idade de reforma) e a frequência de várias doenças crónicas (doença respiratória crónica, diabetes, doença cardiovascular, AVC, depressão e cancro), Mafalda Sousa-Uva (2015) só encontrou associações significativas entre a reforma e as doenças crónicas consideradas como o caso do cancro – em que a reforma assumiu um carácter protetor –, e o caso da doença cardiovascular – aqui com um efeito prejudicial (mas apenas em não hipertensos). Já em pessoas com doença cardiovascular, a reforma antecipada pareceu constituir um fator protetor. Todavia, a autora do estudo é clara ao afirmar que os mecanismos através dos quais a reforma poderá influenciar a ocorrência de doenças crónicas permanecem por explicar.

Outra das limitações ligadas à investigação sobre a reforma resulta do facto de esta ser frequentemente tratada como um acontecimento isolado. À exceção da sua ligação a mudanças na saúde e no estatuto económico, os estudos sobre a reforma ignoram habitualmente outras mudanças que ocorrem na vida dos reformados e os seus efeitos cumulativos sobre o bem-estar individual, incluindo aspetos tão importantes como a emancipação dos filhos, a reforma do cônjuge ou a morte de familiares e pares. Porque é que isto é importante? Por um lado, porque a própria decisão de «passar à reforma» pode ser precipitada por um destes acontecimentos; por exemplo, a necessidade de prestar auxílio a familiares constitui uma importante razão que leva muitas mulheres a decidirem reformar-se. Por outro lado, a acumulação de acontecimentos de vida, em simultâneo com a reforma, pode condicionar o ajustamento a todos esses acontecimentos (incluindo a reforma), ou seja, a forma como se lida com a transição inerente à «passagem à reforma» pode ser afetada pela presença simultânea de outros fatores; por exemplo, viver uma situação de divórcio no momento da reforma pode ter implicações sérias na rede de suporte social que a pessoa reformada terá ao seu dispor nos anos seguintes.

A este respeito, Szinovacz & Washo (1992) constataram que os efeitos cumulativos da exposição simultânea a acontecimentos de vida e à reforma são mais pronunciados nas mulheres do que nos homens. As mulheres experimentam quase sempre mais acontecimentos de vida do que os homens, quer nos anos imediatamente anteriores à reforma, quer nos anos seguintes, mostrando-se mais vulneráveis do que eles quanto aos efeitos resultantes da exposição simultânea a acontecimentos de vida stressantes, sobretudo os que afetam a família e as redes sociais. A maior vulnerabilidade das mulheres perante acontecimentos de vida stressantes fica a dever-se a várias razões: ao envolvimento emocional das mulheres com os que lhes são próximos ser mais intenso e sofrerem mais com as consequências negativas do que possa suceder; às mulheres apresentarem uma maior tomada de consciência relativamente ao que acontece nos contextos sociais que as envolvem; aos acontecimentos como a doença ou a morte de familiares próximos poderem levar à redução da mobilidade, do suporte e da interação social das mulheres, acentuando eventuais efeitos negativos que, a esse nível, a reforma possa ter suscitado.

Aparentemente, a adaptação associada à reforma requer uma particular habilidade para ser flexível, o que se torna mais difícil quando o indivíduo tem necessidade de lidar com mais de um acontecimento em simultâneo. Quando a reforma é acompanhada por acontecimentos como a morte do cônjuge ou a mudança de residência, tal vai exigir esforços adaptativos complexos; e a necessidade de lidar com transições permanentes e sucessivas ao longo de meses ou anos poderá conduzir à emergência de sentimentos de vulnerabilidade, ou mesmo, no limite, a estados patológicos. Por conseguinte, mesmo que tenham vivido vidas relativamente estáveis durante a sua juventude e idade adulta, muitas pessoas encontram dificuldades sérias em lidar com os desafios da fase pós-reforma.

Podemos sistematizar diversos focos de stresse, tendo por origem ou girando em torno da reforma e suscetíveis de criar mudanças substanciais no estilo de vida dos indivíduos e de interferir com o seu bem-estar geral, da seguinte forma (Fonseca, 2011): (i) mudança no «padrão de vida» idealizado – muitos indivíduos perspetivam a sua reforma à luz de um modo de vida idealizado (viajar, ir viver para a beira-mar, etc.), tendo frequentemente necessidade de o alterar ou mesmo abandonar devido à ocorrência de acontecimentos imprevistos (viuvez, por exemplo); (ii) experiência de perdas sucessivas – desde logo a perda do emprego e, com isso, a perda de contactos sociais e de rendimentos, mas também a eventual perda de saúde, de mobilidade, de independência, etc., gerando um sentimento de perda de controlo da vida pessoal e criando as condições para uma espécie de «luto permanente»; (iii) mudanças nas relações, particularmente com o cônjuge – casais que se reformam em simultâneo constatam, por vezes, que o aumento da proximidade entre ambos se revela excessivo e prejudicial para a relação, ou então, quando um dos cônjuges se reforma antes do outro esse desencontro poder limitar a liberdade para viajar, mudar de residência, etc.; (iv) problemas de autoconceito – quando «reformar-se» adquire para a pessoa uma representação equivalente a «envelhecer», podendo provocar estados de frustração e de desvalorização pessoal; (v) problemas económicos – os quais podem gerar um sentimento de insegurança que acabará por afetar todas as outras dimensões.

Perante estes dados, a «passagem à reforma» constitui ou não um acontecimento stressante? Acima de tudo, o impacto da reforma terá muito que ver com a forma como se encara e se vive a profissão. O papel do trabalho na vida dos indivíduos adultos adquire uma importância muito grande, pelo que a «passagem à reforma» é necessariamente um acontecimento que se torna da máxima relevância para aquelas pessoas que encaram o trabalho produtivo como «a sua vida». Nestes casos, a pessoa vê-se perante a necessidade de mobilizar toda a sua capacidade adaptativa, não apenas para fazer frente a desafios de natureza material ou contextual (como ocupar o tempo, para onde ir durante o dia, etc.) mas igualmente no sentido de proceder à redefinição da sua identidade social e do sentido de utilidade da sua própria existência. Por outro lado, o impacto da reforma deverá também ser interpretado atendendo ao significado que cada pessoa lhe atribui e que acabará por afetar a respetiva adaptação. Duas variáveis da personalidade parecem ser determinantes neste processo: os padrões de envolvimento e as crenças acerca de si e do mundo. Quanto à primeira variável, a falta de envolvimento com a vida será, provavelmente, a maior dificuldade que as pessoas reformadas necessitam de enfrentar do ponto de vista adaptativo. Muitos reformados que sabem, e reconhecem, ter necessidade de se comprometer em atividades de natureza diversa não encontram motivação para o fazer, acabando por viver uma situação existencial de grande ambivalência («eu sei que deveria mas não consigo...») que, não raro, conduz a estados de desânimo. Já quanto à segunda variável, se a reforma não exercer um impacto significativo nas conceções pessoais sobre a vida, pouca influência será de esperar de tal acontecimento.

A procura de objetivos (e, através deles, de sentido para a vida) como estratégia de controlo pessoal, de continuidade e de preservação da identidade é uma condição crucial para uma boa adaptação à condição de reformado. À medida que se envelhece, possuir objetivos de vida, ligados quer a finalidades concretas que se deseja alcançar, quer a funções psicológicas que se deseja preservar, constitui uma componente fundamental para o ajustamento psicológico. Diversos estudos têm demonstrado que pessoas reformadas «dirigidas para objetivos» são mais otimistas, perseverantes, atentas aos outros e preocupadas com a vida social, ao passo que os reformados «pouco dirigidos para objetivos» são mais céticos, vivem muito centrados sobre si mesmos, insatisfeitos e sempre em busca de suporte emocional. Isto significa que as qualidades e características atribuídas aos «reformados dirigidos para objetivos» são consistentes com a noção de um desenvolvimento saudável após a reforma, favorecendo um sentido de preservação do «eu», fundamental para o decurso do desenvolvimento psicológico. Por outro lado, as características atribuídas aos «reformados pouco dirigidos para objetivos» correspondem a um tipo de personalidade narcísica, potencialmente depressiva, incapaz de assumir desafios, gerando um «eu deficitário» e pouco preparado para lidar com as circunstâncias da vida após a reforma e, em geral, durante a velhice (Fonseca, 2011).

Nesta linha de pensamento, a regulação da identidade pessoal durante a reforma ocorre por meio da formulação de objetivos que concretizam projetos e aspirações individuais, originando assim várias expressões de uma mesma identidade. Os objetivos pessoais que estão na base da criação destas expressões prendem-se, entre outros, com a valorização de aspetos como a saúde, a família e atividades sociais e de lazer, coincidindo com as tipologias «família» e «dinamismo sociocultural e relacional» identificadas anteriormente. Deste ponto de vista, tais expressões funcionariam como «guiões» para a mudança pessoal ao longo do ciclo de vida, facilitando a adaptação a novos papéis, por exemplo, decorrentes da condição de reformado. Assim, o engenheiro que se vê a si próprio como um «cozinheiro de fim de semana» bem-sucedido pode, após a reforma, tirar um curso de culinária ou até mesmo investir na abertura de um restaurante. A consideração de vários «eus possíveis» proporciona quer uma estrutura para o indivíduo organizar e integrar informação relevante acerca daquilo que pode ou deseja ser (não necessariamente agora, mas mais tarde), quer um mecanismo de ajustamento a diferentes circunstâncias de vida, permitindo que um «novo eu» tome o lugar de um «eu» anterior (Fonseca, 2005). No entanto, a tomada de decisão sobre as atividades em que desejam envolver-se não é, para algumas pessoas, imediata, levando um certo tempo a consolidar «o que se vai fazer» através da consideração simultânea de aspetos materiais, cognitivos e afetivos. É mesmo frequente que períodos de entusiasmo com as possibilidades abertas pela nova condição de vida alternem com períodos de perplexidade perante a novidade dessa mesma condição, gerando desconforto e ansiedade.

Ter e desenvolver objetivos é um dos principais alicerces para alcançar satisfação e bem-estar, mas também para a construção global de um envelhecimento bem-sucedido. Numa visão desenvolvimental, a vida humana alicerça-se toda ela (velhice incluída) numa definição constante de objetivos, nos quais se incluem a autonomia (enquanto sinónimo de competência) e o estabelecimento de relações significativas com outras pessoas. É exatamente por ter ainda objetivos para cumprir que Quincas Berro d'Água, personagem de Jorge Amado, é a única história de um «aposentado feliz» que o escritor brasileiro Rubem Alves diz ter conseguido encontrar, por mais que procurasse. Após uma vida de «imensa solidão», no dia em que se reformou, e ao invés de «vestir o pijama e os chinelos, o único uniforme próprio de alguém que se aposenta», Quincas Berro d'Água fez uma malinha e saiu porta afora para finalmente cumprir os seus «sonhos jovens de liberdade e de amor» (Alves, 2004).

Tudo indica, pois, que a «procura de objetivos» e o «ajustamento aos objetivos» constituem um processo duplo que explica quais as condições que promovem formas desejáveis de comportamento e que fazem com que as pessoas mais velhas alcancem uma «vida boa». Ou seja, em qualquer ponto do ciclo de vida (e também no decorrer da reforma, que coincide largamente com a velhice), a adaptação e aquilo que dela resulta (bem-estar psicológico, autoeficácia, controlo sobre a própria vida, etc.) não dependem apenas da «vontade» da pessoa mas também da sua capacidade para aceitar e se ajustar às circunstâncias que já não terá oportunidade de alterar.

Mas nem sempre todos conseguem adaptar-se desta forma à nova condição de vida. Dos riscos psicológicos inerentes à «passagem à reforma», a «neura da reforma» constitui, a nosso ver, um paradoxo que ilustra bem a complexidade presente nesta situação de transição e de adaptação a um novo estilo de vida. Estamos perante um acontecimento que envolve diversas mudanças em simultâneo e mesmo quando as mudanças trazem benefícios, também implicam perdas (ligação a lugares familiares, a pessoas, a hábitos, a rotinas), pelo que o aparecimento de um sentimento de «neura» torna-se uma possibilidade real. Este sentimento traduz-se, frequentemente, pela sensação de «estar deslocado», ou porque não se sabe o que fazer com o tempo disponível, pois se passa mais tempo em casa do que era habitual, ou porque se vagueia de um lado para o outro sem grande finalidade.

Isto mesmo surge admiravelmente retratado no filme *As Confissões de Schmidt* (2002), no qual o ator Jack Nicholson veste a pele de um homem de 66 anos que acabou de se reformar e que rapidamente se converte num homem desiludido, sem qualquer perspetiva de futuro, descobrindo que a sua vida perdeu todo o sentido. O filme começa exatamente no dia em que Warren Schmidt, um homem comum de classe média do *midwest* americano e funcionário de uma companhia de seguros, se reforma e descobre que não tem como ocupar o tempo; e que toda a experiência profissional acumulada durante décadas não tem agora qualquer utilidade. Além disso, vê-se obrigado a passar os dias inteiros com uma mulher que tem grandes planos para o futuro (viajar através da América numa autocaravana), mas que surge aos seus olhos como uma velha desinteressante e que o irrita profundamente. Ao fim de algumas (poucas) semanas, já completamente saturado da sua condição de reformado, Schmidt volta ao antigo escritório onde é recebido com perplexidade pelo seu sucessor, um jovem executivo que rapidamente o despacha desferindo o golpe final em quaisquer expectativas que Schmidt ainda pudesse ter quanto à sua mais-valia para a empresa: tudo o que Schmidt deixara cuidadosamente arquivado e organizado para o sucessor fora por este enviado para o lixo! Excluindo os elementos dramáticos próprios de um filme *made in USA*, não serão certamente poucos os reformados que se reveem neste recém-reformado. Prentis (1992) sugere que nestas condições há um trabalho central a fazer: descobrir-se a si mesmo, descobrir um sentido para a vida nesta nova atmosfera, onde já não habitam nem as pressões, nem os prazeres do trabalho.

Quanto aos fatores que promovem a satisfação com a vida no decurso da reforma, além da já referida manutenção de objetivos, surge naturalmente a manutenção das capacidades funcionais que suportam e alimentam a autonomia e a prossecução desses mesmos objetivos. Manter ou até mesmo intensificar as redes sociais é outra condição que facilita, largamente, alcançar uma reforma e um envelhecimento satisfatórios. Todavia, a manutenção das capacidades funcionais e das relações no decurso do processo de envelhecimento pressupõe, na linha do que recomenda a Organização Mundial de Saúde, estimular nas pessoas a partir da meia-idade (isto é, antes ou por altura da «passagem à reforma») o gosto por «estilos de vida saudáveis, gestão efetiva do stresse, exercício físico e alimentação adequados, e prevenção simultânea da perda de autonomia e de doenças derivadas de comportamentos inapropriados» (Schroots *et al.*, 1999: 144).

Finalmente, porque a vida não termina ou começa pelo simples facto de a reforma ter chegado, concordamos com a ideia segundo a qual a satisfação com a vida se mantém, ou se reforça até, porquanto as pessoas continuarem a exprimir «valores duradouros» (Atchley, 1996) no seu quotidiano. Estes valores duradouros – enquanto expressão da personalidade – serão, provavelmente, a melhor resposta individual face aos desafios do processo de envelhecimento, sobretudo quando assistimos a uma autêntica explosão de oferta de bens, atividades e serviços dirigidos aos mais velhos, criando um novo ramo de negócios: a «indústria da reforma». Olhando criticamente para os produtos gerados e expandidos por esta indústria no mundo ocidental, não podemos deixar de apontar as fragilidades éticas de uma postura contemporânea claramente bipolar face ao envelhecimento, ou seja, onde um idadismo mais tradicional coexiste com uma noção de envelhecimento bem-sucedido e assente em fórmulas de «anti-envelhecimento», algumas delas fomentadas pelo próprio saber gerontológico.

A este propósito, livros como *A Place Called Canterbury. Tales of The New Old Age in America* (Clendinen, 2008) ou *Leisureville. Adventures in America's Retirement Utopias* (Blechnam, 2008) mostram-nos duas versões da mesma realidade: a vida quotidiana em duas comunidades habitadas unicamente por pessoas reformadas e de acesso restrito. Estas comunidades, muito populares nos Estados Unidos e destinadas sobretudo às camadas mais altas da sociedade, são completamente controladas pelos seus promotores, os quais estabelecem inclusivamente os direitos cívicos de que os seus residentes podem ou não usufruir. As pessoas vivem aí com todo o conforto, mas afastadas do mundo exterior e de qualquer sentido de responsabilidade pela condução dos seus destinos. Em *A Place Called Canterbury*, a ação passa-se num edifício de «apartamentos geriátricos», enquanto *Leisureville* retrata uma povoação (The Villages) nascida do zero mas já «maior do que Manhattan, com um campo de golfe para cada dia do mês, duas zonas centrais, jornal e estações de rádio e televisão próprias», uma cidade de quase 100 000 habitantes, todos reformados, à qual falta apenas uma coisa: crianças. No total, mais de 12 milhões de norte-americanos vivem em comunidades como The Villages. Embora os dois livros procurem desfazer mitos sobre as residências e comunidades paradisíacas (ou assim vendidas como tal) criadas especificamente para reformados, não deixa de ser intrigante que milhões de norte-americanos desistam de viver em sociedade para viver em locais segregados pela idade, aos quais se associam por vezes outras características (para reformados católicos, para reformados LGBT, etc.), e, sobretudo, que o façam por sua livre iniciativa e gostando de o fazer. É caso para perguntar: haverá um estilo de vida próprio para reformados?

Sem pôr em causa os esforços desenvolvidos, social e cientificamente, no sentido de eliminar os preconceitos relativos aos mais velhos e ao envelhecimento, o modo como muitas vezes tal é feito surge, aos olhos do cidadão comum, através de representações e de imagens de um antienvelhecimento que são na verdade perniciosas, na medida em que cultivam um ideal impossível. Na mesma linha, Novo (2003: 578) considera que os dados científicos disponíveis a respeito do bem-estar psicológico não acompanham «as ilusões, por vezes produzidas por uma certa irracionalidade social, de que a velhice não existe, de que a técnica pode apagar as rugas ou de que a felicidade pode ser permanente, mesmo na velhice». Mas também é verdade que a ciência recusa «partilhar ou propagar os preconceitos culturais e ideológicos que promovem a ideia de que a idade avançada conduz à depauperação psicológica e à inutilidade social». Ao indivíduo reformado resta, então, o desafio de escapar à inclusão no «grupo dos inúteis» através da compatibilização das «competências desenvolvidas no passado com valores atuais de vida e com um sentimento profundo de envolvimento na esfera interpessoal».

Faz sentido, por isso, falar efetivamente de um novo «perfil» de reformados, resultante de uma melhor condição de saúde e forma física, níveis educacionais mais elevados e um estatuto socioeconómico globalmente mais favorável, apresentando, por isso mesmo, características que os diferenciam de gerações anteriores de reformados. Isto traduz-se, concretamente, em manifestações como sejam frequentar atividades culturais, cultivar relações sociais, gostar de viajar, ter hábitos de consumo, cuidar da saúde, praticar atividade física, ser valorizado socialmente, fazer projetos para a reforma e viver na sua própria casa enquanto tal for possível. Esta nova geração de reformados pretende afastar-se do modelo tradicional de reformado e, nesse sentido, resiste a ser diferenciado dos restantes cidadãos: são reformados do emprego, mas não da sociedade, onde querem continuar a participar e da qual desejam ser parte ativa.

Não se trata, todavia, de um desejo de fácil concretização. Nestes «novos reformados» encontramos, seguramente, uma larga representação de pessoas não idosas que usufruem de reformas antecipadas porque foram obrigadas a reformar-se em consequência de alterações no mercado de trabalho. Para muitas delas, afastadas precocemente da vida profissional, só a «ocupação» poderá dar sentido às respetivas vidas, o que se torna difícil no quadro de uma sociedade onde as oportunidades para desempenharem um papel ativo e útil não abundam, apesar da maioria dessas pessoas gozar de uma boa saúde. Por outro lado, em virtude das perspetivas de longevidade, é certo que cada vez mais cidadãos vão experimentar a condição de reformado por um período mais longo das suas vidas e, dado que as conquistas médicas e sociais asseguram uma maior qualidade de vida, é natural que sejam cada vez mais positivas as expectativas quanto ao envelhecimento e que muitas pessoas encarem a reforma com entusiasmo.

Este será, certamente, um dos principais problemas com que os países europeus vão ter de lidar: não apenas o aumento constante do número de pessoas reformadas mas também, e em simultâneo, a reivindicação de uma «participação social ativa» por parte desses mesmos novos reformados, mais cultos, menos conformistas, não resignados a fazer da reforma um simples tempo de descanso. A exigência de mais oportunidades de participação surge já hoje, aliás, associada à vontade de melhorar a imagem social das pessoas reformadas, contribuindo ao mesmo tempo para o reforço de medidas psicológicas (como a autoestima e o autoconceito) ameaçadas pelo facto de se passar (em muitos casos, involuntariamente) de um papel de trabalhador, gozando de um estatuto social valorizado, para um papel de reformado, gozando de um estatuto social negativo ou, no mínimo, indeterminado.

Bibliografia

Adams, Gary; Beehr, Terry, *Retiremente: reasons, processes and results*, Nova Iorque, Springer, 2003.

Alves, Rubem, *As Cores do Crepúsculo*, Porto, ASA, 2004.

Atchley, Robert, «Retirement», *in* James Birren (ed.), *Encyclopedia of gerontology*, vol. 2. San Diego, Academic Press, 1996.

Baltes, Paul; Smith, Jacqui, «New frontiers in the future of aging: From successful aging of the young old to the dilemmas of the fourth age», *Gerontology*, vol. 49, 2003, pp. 123-135.

BEAUVOIR, Simone de, *La vieillesse*, Paris, Gallimard, 1970.

BLECHMAN, Andrew, *Leisureville – Adventures in America's retirement utopias*, Nova Iorque, Atlantic Monthly Press, 2008.

BOVENBERG, Lans, *Balancing Work and Family Life during the Life Course, De Economist*, Vol. 153, No. 4, 2005, 399-423.

BOVENBERG, Lans, Van SOEST, Arthur, ZAIDI, Ashgar (eds.) (2010), *Ageing, health and pensions in Europe: an economic and social policy perspective*, Basingstoke, GB, Palgrave Macmillan.

BROWN, Kathi, *Staying ahead of the curve 2003: The AARP working in retirement study*. Washington D. C., AARP, 2003.

BURNAY, Rita, *A "passagem à reforma" – um estudo exploratório sobre mulheres profissionalizadas na sociedade portuguesa*, 2011, dissertação de Mestrado em Saúde e Envelhecimento da Universidade Nova de Lisboa.

CALVO, Esteban; HAVERSTICK, Kelly; SASS, Steven, *What makes retirees happier: A gradual or 'cold turkey' retirement?*, MPRA Paper nº 5607. Disponível em: http://mpra.ub.uni-muenchen.de/5607/

CERESIA, Francesco, «The retirement and early retirement behavior in Italy: A system dynamics approach», in *Book of Conference Proceedings of 24th International Conference of the System Dynamics Society*, Nijmegen, Países Baixos, 2006, pp. 23-27.

CLENDINEN, Dudley, *A place called Canterbury – Tales of the new old age in America*, Nova Iorque, Viking Penguin, 2008.

CUMMING, Elaine, & HENRY, Warren Earl, *Growing Old: The Process of Disengagement*. Basic Books, New York, 1961.

DAVIS, B, *Charting your course at midlife*, Pensilvânia, The Pennsylvania State University (unpublished manuscript), 1992.

FERNANDES, Ana Alexandre, *Velhice e sociedade*, Oeiras, Celta, 1997.

FONSECA, António Manuel, *Desenvolvimento humano e envelhecimento*, Lisboa, CLIMEPSI, 2005.

FONSECA, António Manuel, *O envelhecimento. Uma abordagem psicológica*, Lisboa, Universidade Católica, 2006.

FONSECA, António Manuel, *Reforma e reformados*, Coimbra, Almedina, 2011.

FONSECA, António Manuel, «Do trabalho à reforma: Quando os dias parecem mais longos», *Sociologia*, Porto, FLUP,, Número temático: Envelhecimento demográfico, 2012, pp. 75-95.

FONSECA, António Manuel; DUARTE, Diogo; MOREIRA, Sandra, «Perceções de envelhecimento e regulação do *self*», *Revista E-Psi*, vol. 1 (3), 2013, pp. 93-117.

FOUQUEREAU, Evelyne; FERNANDEZ, Anne; MULETT, Etienne, «The Retirement Satisfaction Inventory: Factor structure in a French sample», *European Journal of Psychological Assessment*, vol. 15 (1), 1999, pp. 49-56.

GAULLIER, Xavier, «The changing ages of man», *The Geneva Papers on Risk and Insurance – Issues and Practice*, vol. 17 (1), 2002, pp. 3-25.

GUEDES, Joana, *Modos de vida na reforma. Construção de uma tipologia*, 2015, tese de doutoramento em Gerontologia e Geriatria da Universidade do Porto/Instituto de Ciências Biomédicas Abel Salazar.

GUILLEMARD, Anne-Marie, *La retraite une mort sociale*, Paris, La Haye: Mounton, 1972.

GUILLEMARD, Anne-Marie, *De la retraite mort sociale à la retraite solidaire. Gerontologie et Société*, vol. 102, Paris, La Haye: Mouton, 2002, pp. 53-66.

HAVIGHURST, Robert James,«Retirement from work to play», *in* Eugene A. Friedmann & Robert James Havighurst (eds.), *The meaning of work and retirement*, Chicago, University of Chicago Press, 1954, pp. 187-194.

HEYMA, Arjan, «A structural dynamic analysis of retirement behavior in the Netherlands», *Journal of Applied Econometrics*, vol. 19 (6), 2004, pp. 739-759.

HUTCHENS, Robert, *Phased retirement: Problems and prospects*, Chestnut Hill, MA: Center for Retirement Research at Boston College, 2007.

KÜNEMUND, Harald; KOLLAND, Franz «Work and retirement», *in* John Bond, Sheila Peace, Freya Dittmann-Kohli & Gerben Westrhof (eds.), *Ageing in society. European perspectives on gerontology*, Londres, Sage Publications, 2008.

LAYARD, Richard, *Happiness. Lessons from a new science*, Londres, Penguin Books, 2005.

LENOIR, Rémi, «Object sociologique et problème social», *in* Patrick Champagne, *et al.* (ed.), *Initiation à la pratique sociologique*, Paris, Bordas, 1989, pp. 53-100.

MENDES, Fernando Ribeiro, *Segurança Social – o futuro hipotecado*, Lisboa, Fundação Francisco Manuel dos Santos, 2011.

MOEN, P., WETHINGTON E., «Midlife development in a life course context», *in* Sherry Willis & James Reid (eds.), *Life in the Middle*, S. Diego, S. Diego: Academic Press, 1999, pp. 3-23.

NEUGARTEN, Bernice, «Adult personality: Toward a psychology of the life cycle», *in* W. Sze (ed.), *Human life cycle*. Nova Iorque, Jason Aronson Inc.,1975.

NOVO, Rosa, *Para além da eudaimonia. O bem-estar psicológico em mulheres na idade adulta avançada*, Lisboa, Fundação Calouste Gulbenkian, 2033.

OMS, *Active Ageing: A policy framework*, Genebra, OMS, 2002.

PAILLAT, Paul; ATTIAS-DONFUT, Claudine *et al.*, *Passages de la vie active à la retraite*, Paris, PUF, 1989.

PHILLIPSON, Chris, *Ageing*. Cambridge, Wiley, 2013.

PRENTIS, Richard, *Passages of retirement. Personal histories of struggle and success*, Nova Iorque, Greenwood Press, 1992.

RICHARDSON, V., *Retirement counseling*, Nova Iorque, Springer, 1993.

RODEHEAVER, Dean; DATAN, Nancy, «Making it: The dialectics of middle age», *in* Richard Lerner & Nancy Busch-Rossnagel (eds.), *Individuals as producers of their development. A life-span perspective*, Nova Iorque, Academic Press, 1981, pp. 183-196.

ROSA, Maria João Valente, *Os reformados e os tempos livres. Resultados do inquérito à população reformada sobre atividades de lazer*, Lisboa, Bnomics, 2015.

SAVISHINSKY, Joel, «The unbearable lightness of retirement: Ritual and support in a modern life passage», *Research on Aging*, vol. 17, 1995, pp. 243-259.

SCHLOSSBERG, Nancy, *Retire smart, retire happy: Finding your true path in life*, Washington D. C, American Psychological Association, 2004.

SCHROOTS, Johan; RUDINGER, Georg; FERNÁNDEZ-BALLESTEROS, Rocio, *Aging in Europe*, Amesterdão, IOS Press, 1999.

SOUSA-UVA, Mafalda *Contributo para o estudo dos efeitos da passagem à situação (e idade) de reforma na frequência das principais doenças crónicas em Portugal*, 2015, tese de doutoramento em Saúde Pública na especialidade em Epidemiologia da Universidade Nova de Lisboa/Escola Nacional de Saúde Pública.

STANTON, David, *Sustainable ageing societies: Indicators for effective policy-making: A framework*, 2004. Disponível em: http://www.monitoringris.org

SZINOVACZ, Maximiliane & WASHO, Christine (1992). *Gender differences in exposure to life events and adaptation to retirement.* Journal of Gerontology, 47, S191–S196.

TAYLOR-CARTER, Mary Anne; COOK, Kelli, «Adaptation to retirement: Role changes and psychological resources», *The Career Development Quarterly*, vol. 44, 1995, pp. 67-82.

WANG, Mo, *The Oxford Handbook of Retirement*, Oxford, Oxford University Press, 2012.

WATSON WYATT, *Phased retirement aligning employer programs with worker preferences*, Washington D. C., Watson Wyatt Worldwide, 2004.

WORTLEY, John, «Aging and the aged in "the Greek anthology"», *International Journal of Aging and Human Development*, vol. 47 (1), 1998, pp. 53-68.

NOTAS

[1] O *site* GoodReads identifica 366 Popular Retirement Books, entre os quais *How to Retire Happy, Wild and Free*; *65 Things To Do When You Retire*; *The Joy of Retirement: Finding Happiness, Freedom, and the Life You've Always Wanted*; *Retire Smart Retire Happy*.

[2] David Almas e Joaquim Madrinha publicaram em 2011 o livro *Como Salvar a Minha Reforma* (Lua de Papel), cuja primeira edição esgotou em poucos dias. A edição de julho de 2014 da revista *Dinheiro e Direitos* (editada pela DECO) consagrou um dossiê às pensões de reforma com um título no mínimo inquietante: *Reforma – O Que Vai Sobrar*. Em 2016, João Morais Barbosa e Luís Alvarenga publicam o livro *Viva Uma Reforma Feliz* (Manuscrito), que pretende revelar «tudo o que precisa de saber para planear uma reforma tranquila».

[3] A revista *The Economist* enchia a primeira página de uma das suas edições de 2009 (Vol. 391, n.º 8637, 27th June–3rd July) com uma foto de um casal de seniores sentado à beira-mar... mas a trabalhar, encabeçada pela frase *The End of Retirement*.

[4] *Financial Times*, 2 de outubro de 2010.

[5] Suicídios relacionados com a pressão do trabalho são um fenómeno internacional. Veja-se o exemplo das «ondas de suicídio» que têm ocorrido na France Télécom desde 2008 (renomeada Orange em 2013); a sucessão de mortes nas fábricas de produção da Foxconn no sul da China em 2010; ou o fenómeno do «karoshi», morte por excesso de trabalho, no Japão. Mesmo sendo extremamente difícil estabelecer uma ligação direta entre suicídio e condições de trabalho, no caso da France Télécom alguns trabalhadores deixaram cartas, posteriormente publicadas na imprensa francesa, que culpavam de forma explícita o trabalho e as condições laborais.

[6] Os dados apresentados a este propósito por Kunemund & Kolland (2008) sobre a realidade alemã são elucidativos: somando as horas desenvolvidas unicamente em atividades voluntárias, cuidados pessoais e às crianças, pela população dos 60 aos 85 anos, chega-se a uma projeção anual de cerca de 3,5 biliões de horas de produção não remunerada de bens e serviços.

[7] *Público*, 24 de dezembro de 2012.

[8] Em 2013, mais de metade (52%) dos funcionários públicos portugueses que se aposentaram fizeram-no antes do tempo previsto, com uma penalização média de 14,6% (Fonte: Relatório e

Contas da Caixa Geral de Aposentações de 2013). Todavia, devido ao aumento substancial da penalização, a percentagem de reformas antecipadas tem vindo a recuar desde então; o número de reformas antecipadas na função pública diminuiu 58% em 2015, atingindo o valor mais baixo dos últimos cinco anos. Em 2015 e em média, os 5375 funcionários públicos que fizeram esta opção sofreram uma penalização da ordem dos 21,3% (Fonte: *Dinheiro Vivo*, 2 de Setembro de 2016).

[9] Em Portugal, desde o ano 2000, a idade média de reforma e acesso às pensões de aposentação ou reforma da Caixa Geral de Aposentações oscilou entre os 58,2 anos (em 2003) e os 61,5 anos (em 2014). Também nos últimos 15 anos, a idade média de reforma dos novos pensionistas de velhice da Segurança Social oscilou entre os 64 anos (em 2001) e os 62 anos (em 2014) (Fonte: PORDATA).

[10] Fonte: *Aon Hewitt Retirement Consulting.*

[11] *Transição Para a Reforma: Um Programa a Implementar em Cuidados de Saúde Primários* é uma obra de 2015, coordenada por Helena Loureiro, onde se descreve um projeto de inovação/investigação (projeto REATIVA) que decorreu entre julho de 2013 e junho de 2015 e que teve como objetivo a construção de um programa de intervenção no âmbito dos cuidados de saúde primários para ajudar indivíduos e famílias no seu processo de adaptação à reforma.

ÍNDICE